Ramón del Valle-Inclán

Luces de Bohemia

Esperpento

edición crítica
Víctor Fuentes

Copyright foreword & notes © Víctor Fuentes
Of this edition © Stockcero 2022
1st. Stockcero edition: 2022

ISBN: 978-1-949938-14-2

Library of Congress Control Number: 2022934088

All rights reserved.
This book may not be reproduced, stored in a retrieval system, or transmitted, in whole or in part, in any form or by any means, electronic, mechanical, photocopying, recording, or otherwise, without written permission of Stockcero, Inc.

Set in Linotype Granjon font family typeface
Printed in the United States of America on acid-free paper.

Published by Stockcero, Inc.
3785 N.W. 82nd Avenue
Doral, FL 33166
USA
Stockcero@stockcero.com

www.stockcero.com

Ramón del Valle-Inclán

Luces de Bohemia

Esperpento

edición crítica
Víctor Fuentes

Índice

Introducción vii
La presente edición lv
Bibliografía lvii
Luces de Bohemia
    Dramatis Personae 1
    Escena Primera 5
    Escena Segunda 13
    Escena Tercera 25
    Escena Cuarta 37
    Escena Quinta 51
    Escena Sexta 57
    Escena Séptima 65
    Escena Octava 79
    Escena Novena 93
    Escena Décima 103
    Escena Undécima 111
    Escena Duodécima 117
    Escena Décima Tercia 129
    Escena Décima Cuarta 141
    Escena Última 151

Introducción

Al quedar libre de los derechos de autor en el 2017, se han publicado numerosas ediciones de *Luces de bohemia,* lo cual enfatiza lo de ser ya una obra clásica de la historia del teatro español y del mundial, y de acuciante actualidad cien años después. Ello, le hubiera agradado mucho a Valle-Inclán que tanto énfasis ponía en que las obras teatrales, muy en especial las suyas, fueran publicadas y leídas. Tales nuevas ediciones, y remontándonos a la primera y clásica de Zamora Vicente, 1961, suelen caer, no obstante, en el error, como tanta de la crítica, de afirmar que en la versión publicada en libro de 1924 se añadían tres Escenas claves, las cuales no aparecían en la original publicada en la revista *España*, por entregas, entre junio y octubre de 1920. Últimamente, según se constata en el Archivo de la familia de Valle-Inclán, se ha revelado que dichas Escenas sí estaban en la versión original presentada al editor de la revista, y que fue éste, Luis Araquistain, quien las expurgó[1].

Tal descubrimiento, invalida las disquisiciones que encontramos en tantas de las nuevas ediciones, y desde la primera de Alonso Zamora Vicente, sobre las supuestas razones del por qué Valle-Inclán las escribiera, al filo de 1924, cuando ya la dictadura había acallado, y suprimido del dominio público, el gran conflicto político-social, al

---

1   Contamos con una reciente edición de José María Paz Gago, reconocido crítico y estudioso de Valle-Inclán, de la versión de 1920 con dichas tres Escenas añadidas y explicaciones sobre las causas de haber sido censuradas por su primer editor.

cual estaban abocadas dichas Escenas, que se vivía en las fechas en que se escribía la versión publicada en 1920. Ahora constatamos que se ajustaban perfectamente a haber sido escritas para tal primera versión, y con tanto de testimonio de la conflictividad vivida en la sociedad española durante el llamado trienio bolchevique.

Por mi parte, aunque sin tratar la cuestión, en el libro de 1980, *La marcha al pueblo en las letras españolas 1917-1936*, destacaba cómo en fechas que coincidían con tal trienio, 1918-1921, Valle-Inclán daba su nuevo gran salto artístico, llevando su literatura y arte dramático a las entrañas de lo político-social del momento presente, abrazado al habla popular y convirtiéndose, junto a Antonio Machado, en los abanderados de renombre en tal «marcha hacia al pueblo»[2], concebida según la proclamara Antonio Gramsci: «Un movimiento intelectual es o vuelve a ser nacional si se realiza una marcha hacia el pueblo»[3], la cual se

---

2   La empatía y acercamiento al pueblo de Valle-Inclán, en forma creciente hasta llegar a los *esperpentos*, lo analizó Michael P. Predmore en su documentado ensayo, «La literatura y la sociedad de Valle-Inclán: concepciones liberal y popular del arte», donde en una de las frases finales concluye: «Tan temprano como las *Sonatas*, sus obras giran crecientemente sobre el lenguaje y la cultura populares, y sobre una profunda atracción hacia la dignidad y humanidad del pueblo» (*Suma valleinclaniana* 125). Fue una muy agradable sorpresa, leer lo que, tan destacado catedrático y critico, escribía en la nota al pie de página al final del ensayo: «Para mayor conocimiento del compromiso de Valle con el pueblo y con las formas populares de la literatura de la cultura y la literatura, véase Fuentes, *La marcha al pueblo*, y Alison Sinclair, *Valle-Inclan's «Ruedo Ibérico». A Popular View of Revolution*. Londres, Tamesis Books, 1977». Habría que añadir a esto, el libro, y ya desde su título, del dramaturgo y crítico Juan Antonio Hormigón, *Ramón del Valle Inclán: la política, la cultura, el realismo y el pueblo*, publicado en 1972.

3   Por dichas fechas, de intenso protagonismo de las clases populares, aun la crítica erudita se unió a tal marcha con el estudio de la poesía tradicional-popular. Recordemos que la *Antología de la*

dio con gran impacto no en Italia como preveía Gramsci, sino en la sociedad y en la cultura española de la época[4]. Dentro de tal contexto, pasado bastante por alto por críticos y biógrafos de la vida y obra de Valle-Inclán, sitúo esta edición crítica de *Luces de bohemia*. Contrario a algunas de las más recientes, las cuales se presentan con «Introducciones» de 200 o más páginas (282, la de Francisco Caudet en Cátedra), guiada por el impulso de conducir al lector-a la obra misma lo antes posible, circunscribo la Introducción a unas cincuenta (ya demasiadas de por sí, aunque la ocasión sí exige la extensión, frente, a lo cual, si lo prefiere el lector-a podría ir directamente a la obra y volver posteriormente a ella) dividida en tres apartados, donde en forma de síntesis me ocupo de enfatizar elementos y temas centrales del texto y de su representación espectacular; sobre los que, y dada la complejidad y amplitud de lo histórico, artístico y literario de lo que se abarca en el esperpento, seguiré puntualizando en las notas al pie de página[5].

---

versificación rítmica y *La versificación irregular de la poesía castellana*, de Pedro Henríquez Ureña, donde tanto cala en lo popular, son de 1918 y 1920, Y, en 1921, Cejador y Frauca comenzó a editar *La verdadera poesía castellana. Floresta de la antigua lírica popular*, mientras que, en 1919, Menéndez Pidal publicaba su «Discurso de la primitiva poesía lírica española», concluyendo con estas palabras: « ... ¿Y quién sabe si el estudio de esa poesía, tantas veces sentida en común, podría hacer que entre nuestros eximios poetas españoles, más que ningunos encasillados en su magnífica morada interior, surgiese la meditación fecunda que lanzara alguna vez su inspiración a guiar los sentimientos colectivos con audacia renovadora de lo viejo?» (84-85. Lo que, en aquel mismo año, hacían Valle-Inclán con *La pipa de kif* y Machado con sus *Proverbios y cantares* y *Nuevas canciones*.

4 Me extendí sobre cómo encajaba el teatro revolucionario de los esperpentos en tal etapa cultural en las páginas que escribí sobre ellos en mi ya citado libro.

5 Una buena compañía para internarse en el Madrid popular de *Luces de bohemia* es el libro del pintor Gutiérrez Solana, *Madrid callejero*, precisamente publicado en 1923. Va acompañado de

1. El salto artístico a lo político-social y popular, entrañado en el presente histórico, en la vida y pasión humana, en lo cual prosigue Valle-Inclán a través de los años 20 –mientras Ortega y Gasset proclamaba «La deshumanización del arte»–, aunque sin menoscabo de lo fantástico, lo mítico y lo ritual de sus etapas anteriores[6].

2. La intertextualidad en *Luces de bohemia,* remontándose a obras clásicas, desde los griegos y al siglo de Oro español, y, en especial, como el título apunta, en su relación con la literatura de la bohemia histórica española[7], comprendida entre 1854 y 1924. Y, a tono con ello, el magistral uso del lenguaje popular, el madrileño de la calle, y en mezcla con un lenguaje culto, lleno de alusiones literarias y con un primoroso toque

---

una breve muestra de sus pinturas, tan de cariz esperpéntico. «Procesión de la muerte», podría servir para ilustrar la Escena duodécima del esperpento y «Chulos» la Escena última.

6 Destacando tal «nuevo propósito literario del autor», ya Rivas Cherif, en 1922, señalaba: «que no implica traición a los principios sustentados hasta ahora, ni, por lo tanto, a sus adeptos, a su público, pero sí mayor conciencia artístico y social, más pasión, más humanidad». «Don Ramón del Valle Inclán. *Farsa y herencia de la Reina Castiza*». *La Pluma*, 25, junio de 1922, p. 371. Por su parte, tratando de la unidad de su obra, Ricardo Doménech escribió su agudo ensayo, «*Mito y rito en los esperpentos*», e Iris M. Zavala su brillante, y de tanta complejidad teórica, *La musa funambulesca. Poética de la carnavalización en Valle-Inclán*, aplicando los supuestos teóricos de Mijaíl Bajtín sobre dicha poética.

7 En la noche madrileña que vive y muere Max Estrella, laten, con sus relaciones intertextuales, temas que consideré en *Poesia bohemia española. Antología de temas y figuras*, libro editado en 1999, dentro de la «Biblioteca Bohemia», de Celeste Ediciones: el régimen nocturno de la imagen, La noche y la sombras; el Madrid de los bohemios (y tantos de sus lugares y con su atrezo y bestiario); la solidaridad con los de abajo; el encuentro con las prostitutas; lo carnavalesco, el vino y el ajenjo; el splín de los bohemios; lo satánico, lo cristológico y la muerte.

poético, muy en especial en las acotaciones, una de las grandes innovaciones que la obra traía a la escena teatral española, más sus características del uso específico del lenguaje en el teatro expresionista.

3. La innovadora representación espectacular y especular del primero, y el más excelso, de los esperpentos del autor; escrito dentro de las nuevas vetas literarias y artísticas que se abrían tras la catastrófica crisis , y fractura, de la civilización burguesa europea con la I^a Guerra Mundial y sus numerosos millones de muertos. Recordemos que por las mismas fechas que *Luces de bohemia*, en 1920 se publicaba el Manifiesto del Teatro Político de Piscator, afín, aunque por distinta vía, al propósito de Valle-Inclán de crear un Nuevo Teatro Político, y en 1929, la traducción del *Teatro revolucionario*, de Romain Rolland; en 1922, el *Ulises* de Joyce y *Tierra baldía* de T. S Eliot, veían la luz. Tengamos presente, que en el drama de Valle-Inclán se vive un peregrinaje/odisea por las calles de Madrid comparable al de en las calles de Dublín en la novela de Joyce y apelando, como en ella, al lenguaje conversacional callejero junto al culto, y que «la tierra baldía», la pisan, asimismo, Máximo Estrella y Don Latino de Hispalis y por calles llenas de cristales rotos y arena. En su visión plástica y lenguaje dramático, el esperpento tiene, por otra parte, una ostensible relación con el teatro expresionista alemán de aquel entonces y el expresionismo, en general, con unas raíces que se extiende hasta el Goya de la «pintura negra» y los «Caprichos». En las notas, iré señalando ejemplos.

Ya, en su día, Valle-Inclán expresó que *Luces de bohemia* es «La que más me gusta de todas mis obras. La que he escrito con más entusiasmo, con más placer, sintiéndola muy hondamente ... » (*Entrevistas, Conferencias y Cartas* 314).

1. Se sitúan las dos versiones de *Luces de bohemia,* dentro de la gran crisis del Estado español, 1917-1923, con el tambaleante, y ya herido de muerte, sistema político-social de la Restauración y, teniendo frente a él, el auge del movimiento obrero con sus luchas y esperanzas revolucionarias, plasmadas en la huelga general de 1917, continuadas con el gran movimiento de reivindicaciones huelguistas obreras entre 1918 y 1922[8]. Tales luchas y huelgas, plasman, testimonialmente, en *Luces de bohemia*. Encontrábamos una primera mención en la Escena Segunda (*Un retén de polizontes pasa con un hombre maniatado*), e irrumpen en la Tercera con el chico de la Taberna entrando herido por un golpe a manos miembros de la Unión Ciudadana, y con la posterior entrada de un grupo de huelguistas[9]. Dicha

---

[8] Situando la persona y la obra de Valle-Inclán en aquel contexto histórico-político, se extendía ya Juan Antonio Hormigón en el libro citado en la nota 2. y de la página 170 a la 205. Recientemente, Jesús M. Monje López ha publicado un muy detallado ensayo del tiempo histórico español, entre 1917-1920, con amplias muestras de la prensa de aquellos años, múltiples fotografías, y citas de *Luces de bohemia*. Completísimo ensayo, titulado «Sobre la detención de Max Estrella: tiempo histórico y tiempo de la acción en *Luces de bohemia*», publicado en *El pasajero,* núm 30, 2020. Se puede leer en el Internet.

[9] Sobre dicha Unión Ciudadana, contamos con el incisivo artículo de Fernando del Rey Reguillo, «La defensa burguesa frente al obrerismo en Madrid. La Unión Ciudadana (1919-1923)». *La sociedad madrileña durante la Restauración 1876 1931*. Volumen II. 527-539. Eds. Ángel Bahamonde Margo y Luis Enrique Carvajal.

Unión paramilitar formada en 1919, de iniciativa patronal-burguesa, estaba dedicada a enfrentar huelguistas y defender a los esquiroles[10]. Por los datos que se nos dan en las Escenas 3, 4, 7 y 11, podemos vincular la huelga y el enfrentamiento de las obreras y obreros y la represión por parte de los policías y guardias, vivido en la pieza teatral, con lo acontecido en la huelga de la Fábrica de galletas y chocolate madrileña, «La Fortuna», en su mayoría de mujeres trabajadoras, la cual se alargó durante el mes de abril y de mayo de 1920. Un dato de la Escena Séptima remite a la exacta fecha del atardecer, la noche y el amanecer de la acción de *Luces de bohemia,* hasta el final de la Escena 12: los días 9 y 10 de abril de 1920, aunque dentro de este espacio temporal hay anacrónicos saltos hacia el pasado y el futuro, dentro de una concepción del uso del tiempo, ya expresada en *La lámpara maravillosa,* la de tratar momentos en que «late el recuerdo de lo que fuera y el embrión de lo que ha de ser». En función de tal uso del tiempo, 100 años después, toma nueva actualidad lo que Valle-Inclán vislumbrara en su obra, y, precisemos, no solo en España.

Lo del llamado trienio bolchevique fue un calificativo, el cual establecía un nexo entre el impulso del movimiento social-político obrero español, en tales fechas, y la gran ola de reivindicaciones revolucionarias que se vivió en Europa tras el final de la Iª Guerra Mundial, y con el triunfo de la revolución rusa. En tal coyuntura histórica, Ramón del Valle-Inclán dio su gran salto, uniéndose al correspondiente movimiento artístico y cultural que se gestaba en

---

10   Esquirol: persona que acepta trabajar en una empresa cuyos trabajadores suspenden su actividad y se declaran en huelga.

España por dichas fechas[11]. Quien hasta hacía poco se había declarado carlista, pasó a adoptar posiciones cercanas —y llevándolas a su obra teatral y novelesca— al anarquismo, socialismo y comunismo, tomando partido por una obra creadora de compromiso y reivindicación político-social y popular. Persona, Valle-Inclán, tenida por sus declaraciones y posiciones controvertidas o arbitrarias, hasta llegando a negar lo que acababa de afirmar, a lo largo de la década de los 20, sí se mantuvo firme reiterando su nuevo propósito en cuanto a qué arte y literatura hacer en unos años de esperanzas revolucionarias mundiales, en los cuales la sociedad española parecía abocada a una revolución superadora de la moribunda Restauración oligárquica y de su cataplasma, la dictadura de Primo de Rivera.

Con tal obra creadora, contrario a lo que Pedro Salinas le colgara de ser «hijo pródigo del 98», y no, más bien como Valle-Inclán lo fuera, continuador, en la década de los años 20, de aquella «gente nueva», en su mayor parte bohemios, con su rebeldía frente al orden burgués establecido y sus revolucionarias aspiraciones político-sociales de fines del siglo XIX y principios del XX[12]. Como él dijera,

---

11 Del movimiento artístico- cultural y literario que se dio en España, entre los años de 1917 y 1931, contribuyendo tanto a dar la puntilla al hundido régimen de la Restauración y a la caída de la dictadura, me ocupé en la primera parte de *La marcha al pueblo en las letras españolas 1917-1936,* de la página 27 a la 41.

12 No figuraba Valle-Inclán entre los escritores recogidos en el libro *Gente Nueva,* de Luis Paris, de 1888, libro en el que se acuñaba el término, aunque, posteriormente, sí publicara en sus revistas, pero sin el sentido, entonces, del compromiso político-social de aquel grupo de la segunda promoción de bohemios con quienes alternara en las tertulias y en la prensa. No obstante, sí recogió, puesto al día, tal legado y postura en su obra que nos ocupa. Sobre la acogida y gran valoración de Valle-Inclán por parte de destacados bohemios históricos de entre siglos, junto a quienes conviviera, véase el libro de José Esteban, *Valle-Inclán y la bohemia*.

«el escritor que cambia y se renueva y se transforma es del 98 y del 28». (*Entrevistas, Conferencias y Cartas* 390)[13]. Constatando tal afirmación, al modernista Valle-Inclán de 1898, a principios de los años 20, le podríamos considerar como un adelantado de la que designé, ha décadas, como «la otra generación del 27»; la de jóvenes literatos y artistas que, por dichas fechas, aspiraron a unir la vanguardia artística y la política. De hecho, en 1926, publicó *Tirano Banderas,* que había aparecido, en entregas, en la revista *El Estudiante,* publicada en Salamanca por un grupo de dichos jóvenes, y, como ellos, se enfrentó, en persona y obra, contra la dictadura.

El 3 de septiembre de 1920, cuando ya estaba publicando las entregas de *Luces de Bohemia,* en la encuesta, «El arte y la justicia social», hecha por Cipriano de Rivas Cherif en la revista semanal, *La Internacional* –nótese su significado político ya en el título–, basada en dos preguntas de Tolstoi, «¿Qué es el arte?» «Qué debemos hacer»[14], Valle Inclán sostenía: «no debemos hacer arte ahora, porque jugar en los tiempos que corren es inmoral, es una canallada. Hay *que* lograr primero una justicia social»[15]; la

---

[13] Pedro Salinas en su ensayo, aunque equivocado en lo que fuera «hijo pródigo del 98», sí hizo lúcidas observaciones sobre los esperpentos, pero sin entrar para nada en su tan manifiesto compromiso político-social. El ensayo aparece en *Ramón del Valle-Inclán. El escritor y la crítica* 221-246), habiéndose publicado ya en 1947 en *Cuadernos americanos.*

[14] Tanto Antonio Machado como Ramón del Valle Inclán, manifestaron en diversas ocasiones su gran admiración por la obra y la persona de Tolstoi. Valle-Inclán lo destaca como su novelista más preferido. La gran valoración que, a lo largo de su vida, hiciera Cipriano de Rivas Cherif de la obra y persona de Valle-Inclán, en una serie de artículos y entrevistas se recoge en el libro *Cipriano de Rivas Cherif. Artículos de teoría y crítica teatral,* en el apartado «Ramón María del Valle-Inclán» (215-.296).

[15] Paradójicamente, de tal negación del arte, surgió una gran obra

cual toma viva expresión en su nueva obra artística, valga la paradoja, y sobre la que se extiende en varias de sus declaraciones y permaneciendo fiel, a tal imperativo, a lo largo de su vida, como se prueba con su última novela póstuma *El trueno dorado*. En tal conversación, Rivas Cherif apuntaba:

> Luces de bohemia se titula el esperpento que don Ramón está publicando en la revista España. Esperpento llama a un subgénero de la farsa en que las acciones trágicas aparecen tal y como se muestran en la vida actual española, sin grandezas ni dignidad alguna.
> Inicia con éste una serie de *estudios dramáticos* que pudiéramos decir de los fenómenos sociales precursores de la futura revolución española.
> (*Artículos de teoría y crítica teatral* 228).

En una entrevista en La Habana, en escala de su viaje a México, el 12 de octubre de 1921 hablando de novelística, afirmaba: «Yo le digo a la juventud española que vaya a buscar sus novelas a la cuestión agraria de Andalucía[16] y a la enorme tragedia que se viene desarrollando en Cataluña[17]. Ahí está la cantera de donde han de surgir los grandes libros del futuro de España» (*Entrevistas, Conferencias*

---

artística, claro que de contenido testimonial político y social. Sobre los esfuerzos en común de Valle-Inclán y Rivas Cherif por llevar a la escena un teatro nuevo, muy en especial en los años veinte del siglo pasado, véase el libro de Manuel Aznar Soler, *Valle-Inclán, Rivas Cherif y la renovación teatral española* (1907-1936).

16 Precisamente, esto es lo que harán, a principios de los años 30, Arderius con *Campesinos*, Arconada con *Los pobres contra los ricos* y *Reparto de tierras* y Sender en *Viaje a la aldea del crimen*.

17 Sobre tal tragedia, ya se extendía el propio Valle-Inclán en la sexta Escena de *Luces de bohemia* con el diálogo de Max Estrella con el preso anarquista catalán.

y Cartas 196). De nuevo, en La Habana, y en otra entrevista, el 30 de noviembre de 1921, leemos: «Don Ramón el último católico y el primer bolchevista español, como le llamó Araquistain y como a él le satisface que le digan» (*Entrevistas, Conferencias y Cartas* 211); recordemos que, por entonces, la exaltación y solidaridad con la revolución rusa era un sentir muy expandido por todo el mundo y entre renombrados grupos de escritores y artistas[18]. Posteriormente, en entrevista con Rivas Cherif, en agosto de 1924, y a propósito de *Tirano Banderas* y la serie de *El ruedo ibérico,* que ya comenzaba, éste nos dice: «Ya no le gusta el 'arte por el arte'. Cree que el escritor ha de ir con su tiempo. Hay que hacer, pues, la literatura política, y, por consiguiente política literaria. Hay que infundir siempre en la realidad un gran concepto histórico –dice don Ramón» (*Valle-Inclán, Rivas Cherif y la renovación teatral española*, 74). Volviendo a ello, y en conversación con G. Martínez Sierra, a propósito de *Tirano Banderas* y de la novela en general, declara lo que podemos aplicar a *Luces de bohemia* y a los demás *esperpentos*:

> Creo que la Novela camina paralelamente con la Historia y con el movimiento político. En esta hora de socialismo y comunismo, no me parece que pueda ser el individuo humano héroe principal de

---

18   Luis Araquistain, el editor de *España*, quien expurgó las Escenas, ya mencionadas, del primer *Luces de bohemia*, quizá por considerarlas muy comprometidas, en octubre de 1920, no obstante, le dedicó a Valle-Inclán el soneto «Italia en 1920», el cual terminaba: «Vos, don Ramón, que sois el primer bolchevique, / y el último cristiano –que sois fuego y justeza- / consentidme que nueva tan buena os comunique». Y el segundo cuarteto aludía a tal «buena nueva»: «Por Oriente, otra vez el evangelio asoma / como hace veinte siglos asomó el cristianismo, / y otra vez esta tierra en su mágica redoma, / funde emoción y norma, la ley y el bolchevismo». *La Pluma,* 5 de octubre, 1920. 194.

> la novela, sino los grupos sociales. La Historia y la Novela se inclinan con la misma curiosidad sobre el fenómeno de las multitudes
>
> (*Entrevistas, Conferencias y Cartas* 396).

Recordemos que ya a mediados del siglo XIX, Poe y Baudelaire, de tan gran impacto en nuestros bohemios y modernistas, se acogían a las multitudes y frente al internamiento de la burguesía en sus oficinas y mansiones, convirtiendo sus casas —ya anunciando su monopolio de la incipiente sociedad del consumo— «en una especie de estuche», como afirmara Walter Benjamin escribiendo sobre «El flâneur», y Baudelaire[19]. Tengamos presente que *Luces de bohemia,* lleva un título genérico, en que late la multitud bohemia, y no el del protagonista, quien, a su vez, más que una individualidad, representa el prototipo de un rebelde y destacado escritor bohemio y con lo que su vida y muerte tenía de común con las de Alejandro Sawa, «príncipe de la bohemia»[20], y las de otros de los más auténticos bohemios de la primera y a segunda promoción, más un fondo del propio Valle-Inclán. La pieza teatral, en algo de gran originalidad, no termina con la muerte del protagonista central, como suele ocurrir, sino que sigue con tres Escenas más. Y de acuerdo con la importancia dada a las multitudes en las declaraciones, el elenco de *Luces de Bohemia* lo conforma un numeroso grupo de personas, superando las 50 (*sin contar la multitud a la que se alude*

---

19 En *Poesía y capitalismo. Iluminaciones* II, 62.
20 Sobre la relación entre Max Estrella y Alejandro Sawa, se ha escrito mucho. Destaco el detallado análisis de Jesús Rubio Jiménez en la sección «Max Estrella y Alejandro Sawa», de su libro *Valle Inclán, caricaturista moderno. Nueva lectura de Luces de Bohemia* (117-134).

de manifestantes y contra manifestantes y la caballería policiaca, quienes toman tanto cuerpo en la versión cinematográfica), representando diversos grupos sociales y yendo, con sus voces, gestos y acciones, iluminando y ensombreciendo en la escena, el histórico momento de la sociedad española, el cual podríamos extender, aunque la acción trascurra en un par de días, entre el período de entre siglos y 1923. Sobre ello, iré haciendo precisiones en las notas.

Añadiré y refrendado la vigencia e impacto de la obra, el que cuatro décadas después de la en que se escribieron los esperpentos, Rivas Cherif, en 1963, seguía destacando que *Luces de bohemia* era muy asequible al gusto de un público que sabe divertir el ánimo en «la contemplación risueña de un mundo desesperado en satírica agonía» (*Artículos de teoría y crítica teatral* 283). Y, completando lo dicho, añadía: «en la teoría del esperpento, Valle-Inclán cifró su tremenda protesta social y política con la misma acritud de risa trágica que ilustra la inspiración paródica de Goya de los *Caprichos*». Por su parte, y acentuando la vigencia mundial de lo que traía Valle-Inclán con los esperpentos, en 1972, Joaquín Casalduero (quien fuera maestro mío en la Universidad de Nueva York, NYU, a fines de los años 50 y principio de los 60 del pasado siglo), expresaba estas palabras con las que concluyo el apartado:

> El teatro de hoy en Occidente continúa en la línea esperpéntica, expresando el absurdo metafísico del hombre: el absurdo de la sociedad y de los sistemas políticos y las acciones que dan lugar tanto en la política nacional como en la internacional.
> (*Estudios sobre el teatro español* 308)[21]

---

21 Frase final del capítulo «Valle-Inclán. Sentido y forma de *Martes de Carnaval*». 291-308. En aquel mismo 1972, el exiliado Max

¡Palabras que hoy, en el 2022, mantienen realzada actualidad!

2. «Literatización» es uno de los apartados en *Asedio a «Luces de bohemia»*, de Alonso Zamora Vicente, donde leemos «Pues bien, al acercarnos a *Luces de bohemia*, nos asaltan por todas partes esta presencia de la 'literatura', en citas, recuerdos, en alusiones simuladas, en nombres concretos» (46-47). Y a continuación señala muchas de ellas, muy repetidas por la crítica y a las que iré señalando, con algunas nuevas, en las notas, ya que tantas pueden ser irreconocibles por los lectores-as actuales. Con tal vocablo, Zamora Vicente ya apuntaba al término acuñado, en los años 60, por Julia Kristeva, en la estela de Bajtín: «Intertextualidad», sobre la cual escribe: «todo texto se construye como un mosaico de citas, todo texto es una absorción y transformación de otros textos» (*Semeiotike* 146*)*. Esto se da, literalmente, en el mismo género o modo de los esperpentos sobre los cuales Valle-Inclán ya expresara que son «el sainete elevado al cubo» y donde encontramos, comenzando con *Luces de bohemia*, referencias a aquellos juguetes cómicos, sainetes y zarzuelas madrileñistas de la segunda mitad del siglo XIX, tan cultivados por los escritores bohemios, aunque, en su caso, pasados por el espejo cóncavo del madrileño callejón del Gato, y engarzados en todo un proyecto revolucionario artístico cultural y político-social. Dentro de sus innovaciones teatrales, asimismo encontra-

---

Aub en visita a España, pocos meses antes de su muerte, y en una entrevista con *Primer Acto*, declaraba: «... cuando Valle se decide a escribir los esperpentos, Valle nos arrebata con la furia absolutamente extraordinaria de su idioma, de su brochazo feroz de su chafarrinón expresionista» y concluye: «Pero ahí está: el teatro español primordial de nuestro siglo es el de Valle-Inclán».

mos intertextualidades con el expresionismo, su drama y pintura; muy en especial, con el lenguaje dramático expresionista y sus manifestaciones corporales de gestos y guiños, afín a las marionetas, como el propio Valle-Inclán dijera sobre lo que tienen los esperpentos de réplica del teatro de muñecos del «Teatro del Piccoli» romano, y del de las marionetas de Gordon Craig[22], asimismo cercanas al expresionismo. Aunque yendo más allá, también tiene referencias a la tragicomedia del teatro clásico español, y remontándose a *La Celestina*, y con el teatro de, su tan admirado, Shakespeare, donde en *Luces de Bohemia* encontramos intertextualidad con la escena de cementerio de *Hamlet* y un eco de aquellas palabras de Macbeth: «La vida es una historia contada por un idiota llena de ruido y de furia, que no significa absolutamente Nada». Y ya nos dijo, décadas antes de que se acuñara el término de intertextualidad, y se generalizara su uso: «Cuando el relato me da naturalmente ocasión de incrustar una frase, unos versos, una copla, un escrito de la época de la acción, me convenzo de que todo es bien» (*Entrevistas, Conferencias y Cartas* 434). A tal luz, se puede extender a la literatura, y, concretamente a la de Valle-Inclán, lo que Bajtín afirma sobre la cultura: «no es un compartimiento cerrado, sino que existe en relación con la que la precedió, con las anticipaciones de la que vendrán, con las distintas configuraciones culturales que coexiten en una época dada y que se

---

22 Sobre ello y proyectado a la representación de los esperpentos, Ramón Sender hizo esta aguda reflexión: « ... El actor puede 'deshumanizarse' hasta llegar al 'supertítere' de Gordon Craig o al desvergonzado títere de Stanislavsky, sin cuidado porque el único arte que admite la deshumanización es el teatro: y la admite porque en el fondo del títere el público verá siempre un hombre», en su *Teatro de Masas* (1931). 35.

influyen mutuamente (*Bajtín y Vigotski: la organización semiótica de la conciencia* 103)

Según el título indica, y se va manifestando a través de la acción, *Luces de bohemia*, entre sus múltiples referencias literarias, está llena de las del legado de la literatura bohemia española en poesía, teatro, narraciones y escritos periodísticos, que iré señalando en las notas, pues es algo bastante ausente en la crítica, dado el generalizado rebajamiento de la bohemia española, y hasta alegando su inexistencia, que se da en las Historias literarias, relegándola a su lastre o reseca de la «Golfemia»[23]. A pesar de su tono paródico, *Luces de bohemia* contiene una, hondamente sentida, elegía de la histórica bohemia dorada matritense y española, la cual muy degradada, vivía sus últimos estertores por las mismas fechas en que fallecía Máximo Estrella; nótese ya su ensalzado nombre, inscrito en el azul celestial, al que tanto aspiraran bohemios y modernistas[24]. Actualizando la dimensión de rebeldía político-social de aquella bohemia, *Luces de bohemia* es, insisto, una demoledora sátira político-social [25], con la connotación del Quevedo del «Miré los muros de la patria mía ... », del orden-

---

[23] Por fortuna, esto ha venido cambiando desde finales del siglo XX y en este siglo XXI, con creciente corpus de obras revalorizadoras de la bohemia y de varios de los bohemios. El caso de Alejandro Sawa será el más preclaro. En el 2017, José Esteban, quien tanto ha contribuido a tal revalorización, publicó el *Diccionario de los bohemios españoles*, con unas 400 páginas.

[24] Rafael Cansinos-Asséns, quien compartiera vida y obra con las de los bohemios, y escribiera tanto sobre ellos en tonos agridulces, en el apartado «Elegía por los bohemios», expresaba: «La escoba de la Dictadura (la de Primo de Rivera) barrió a todos –o casi todos– los hampones literarios ... », en *La novela de un literato, 3*, p. 232. Tengamos presente que Valle-Inclán, en 1920 y 1924, barre de la existencia al bohemio Máximo Estrella, pero inmortalizándole.

[25] Ya Gonzalo Sobejano en uno de los más incisivos escritos sobre la pieza, nos dejó su ensayo, «Luces de bohemia: elegía y sátira», publicado en *Papeles de Son Armadans* en 1966 y recogido en *Ramón del Valle-Inclán*, 1988

desorden burgués establecido y su cultura oficial, tan desdeñada e impugnada por los bohemios históricos.

Como parte del apartado, me detengo en tres elementos y temas de *Luces de bohemia* que, partiendo de lo ya vivido y escrito por los bohemios, Valle-Inclán eleva a innovadoras cimas artísticas; los dos primeros, sobre la imagen nocturna y el uso del alcohol, remitiéndose a sus usos por los decadentistas, iniciados por Poe, Baudelaire y Verlaine, tan aclamados por nuestros bohemios por considerarlos modelos afines. Sigo en mi planteamiento en la estela del tan agudo ensayo de Ricardo Domenech, «Mito y rito en los esperpentos». La pieza teatral se enmarca, a excepción de en sus tres últimas Escenas, en el espacio de una noche, aunque con un uso del tiempo, un tanto mágico, pues se entrelazan, sin precisar, presente, pasado y futuro, entre principios del siglo y 1923. Se nos presenta la noche con todo su simbolismo dentro del «régimen nocturno de la imagen», caracterizado por la inversión, el desdoblamiento y el eufemismo —como analizara Gilbert Durand—, y viviendo-muriendo el personaje central su «calvario», tal como habíamos visto en tantas narraciones y poesías de los bohemios, connotándolo con el vía crucis de Jesucristo, aunque ellos «bebiendo» su cáliz en la embriagadora nocturnidad. Esto, se acentúa con estar el protagonista ciego, y con premoniciones de la oscuridad de la muerte que, asimismo, conlleva la noche, como nos dijera ya en la primera Escena: «¡Estoy muerto! ¡Otra vez de noche!». Curiosamente, y por las mismas fechas que Valle-Inclán escribía su pieza, el bohemio Vicente del Olmo publicó la novela *El Calvario de Cristo. Jirones de la bohemia,* «jirones» que tanto se viven y desgarran a lo largo de *Luces de bohemia.*

La acción se divide en Escenas, las cuales, también, podríamos considerar como «Pasos» por lo que apuntan a la gran teatralidad de ellos en las procesiones de Semana Santa, según gustara de destacar el propio Valle-Inclán (en consonancia con lo cual, en la primera representación mundial de *Luces de bohemia,* y no en España, sino en París y en francés, en 1963, la banda sonora tenía música de las saetas). Ricardo Doménech en su tan penetrante ensayo citado, se extendió en el trasfondo cristológico de la obra que se transluce a lo largo de varias de las Escenas, aunque no señaló su culminación: el que Max Estrella es llevado al sepulcro en la Escena Decimacuarta, al igual que Cristo en la estación 14, la final de su vía crucis. ¿Estaría Valle-Inclán consciente de esa coincidencia? Habría que suponer que sí[26].

Me sirvo, en mis calas, de algunas breves alusiones a lo escrito por Mircea Eliade y Jung respecto al simbolismo de las sombras y por Gilbert Durand sobre el régimen nocturno de la imagen[27], que tan brillantemente plasma en *Luces de bohemia,* y ya presente en sus *Comedias bárbaras*. Los bohemios son seres noctívagos, como ya dijera uno de nuestros primeros, Floro Moro Godo (seudónimo de Florencio Moreno Godino) en *El frac azul* (1864): «el bohemio

---

[26] De la mencionada afinidad que sentían los bohemios con el Cristo de los Evangelios, contamos con múltiples ejemplos, uno de los más destacados es el fantástico relato breve de Julio Burell, «Jesucristo en Fornos». En *Poesía bohemia española. Antología de temas y figuras* bajo «El Cristo de los bohemios» recogí los siguientes tres poemas: «A Cristo (Desde la fábrica), de Manuel Paso, «Los Cristos de siempre», Manuel Barrantes y «La vía de la amargura», Emilio Carrere.

[27] «Poesía nocturna», capítulo del primer libro de la bohemia española, *El frac azul* (1863), podría servir de título genérico a tanta de la literatura de la Bohemia.

debe levantarse cuando se encienden los faroles del alumbrado público». Este alumbrado, junto al de la luna, «la luna lunera», tan presente a lo largo de la obra, y con su simbolismo mágico, vierten sus reflejos entre las sombras en la pieza de Valle-Inclán, a lo largo del ensombrecido deambular de sus dos peripatéticos bohemios «lunáticos»; nótese el doble sentido del vocablo, y el que «la vía lunar (intuición, imaginación magia)», bajo la cual caminan y filosofan, es distinta a la «vía solar (razón, reflexión, objetividad»), según nos dijera Juan-Eduardo Cirlot (*Diccionario de símbolos* 285). Cansinos-Asséns, en «Los psalmos de la noche»[28] de su *Candelabro de los siete brazos,* contra el régimen diurno de la imagen, con su visión terrible, tenebrosa de la noche, exaltaba la noche en su *Alef*: y según la sintieron y vivieron los bohemios y, tan intensamente, la revivimos en *Luces de bohemia*: «¡Oh corazón!, que ya del día no esperas nada, abre tus venas al opio de la noche, terrible y misteriosa como una encantadora» (*Poesía bohemia española* 51). Y tal es la noche —con su magia y gnosis— del agónico caminar, por un Madrid «absurdo, brillante y hambriento», y a la cual se lanza Max Estrella, a pesar de los reparos de esposa e hija, impulsado por su aprovechado acompañante y lazarillo, «perro», «cabello», «buey», pero con su Don, y Latino de Hispalis; ambos esperpetizando el paralelo con la pareja Don Quijote y Sancho Panza: «Max y Don Latino, quijote y sancho de la andante caballería bohemia», expresaba Gonzalo Sobejano. Caballería noctur-

---

[28] Sobre la exaltación de la noche en diversas culturas y desde los místicos a los románticos – de los que hay tantos ecos en la visión de los bohemios- se ocupa Gilbert Durand en sus disquisiciones sobre el régimen nocturno de la imagen (*Les estructures anthropologiques de l'imaginaire* 147-150).

na, con tanto de lo que Pedro Salinas escribiera, en los años 40 del pasado siglo, sobre la noche y sus hombres: «Los hombres son, a la noche, los verdaderos ángeles rebeldes. Los desobedientes a su Dios, la maravilla de la noche que yo considero como la más hermosa *creación inconsciente de la civilización moderna*»[29]. A lo dicho por Salinas, e, igualmente, desde el destierro, Gómez de la Serna, apuntando a la del Madrid «brillante» y a Valle-Inclán, escribió que las noches madrileñas eran sin igual en ninguna otra ciudad europea, donde en todas hay «un orden social», pero en las de Madrid «todos nos sentíamos reyes callejeros, y teníamos venia para gritar[30] ... Hemos vivido con las más plena autoridad del mundo los que hemos vivido la noche madrileña, Valle la gozó toda la vida»[31], y nos extendió tal gozo, aunque con sus dolorosos posos, dado el contexto histórico del que se tratan en *Luces de bohemia*[32].

---

29 Tal «maravilla» la volverían a vivir los poetas del llamado grupo de los 50 del siglo XX español, y llevado a un desenfreno orgiástico colectivo en las noches de la «Movida madrileña», en el postfranquismo de los años 80.

30 Una venia a la que pone su alto la policía en *Luces de bohemia*. Adelantándose a lo que escribe Gómez de la Serna, al inicio de *La miseria de Madrid*, de Enrique Gómez Carrillo (1921), oímos. a la joven francesa Alice decir de la noche madrileña en la Puerta del Sol: «Esto es grande, esto es tan grande cual París ... ¿Qué digo?... En París, a estas horas, no hay igual animación en ninguna parte ... » (94).

31 Escribió esto, Gómez de la Serna en su *Don Ramón del Valle-Inclán*, Madrid, 1944. Cito del fragmento «Anecdotario», recogido por José Esteban, en *Valle-Inclán y la bohemia*, 164-167. Recordemos que sobre la noche bohemia madrileña, ya Valle-Inclán publicó un primerizo artículo en *El Universal*, México, 3 de junio de 1892, «Madrid de noche», recogido en *Valle-Inclán y la bohemia* 67-70, centrando en el tan renombrado Café Fornos, y anticipando ya el tipo de Café en que se encontraran Max Estrella y Rubén Darío en la Escena 9 del esperpento.

32 Sobre los goces de la noche madrileña de fines del siglo XIX leamos esta larga parrafada de Florencio Moreno Godino en su «Los trasnochadores», no limitados a los bohemios « ... Como el

Como parte del régimen nocturno de la imagen, Durand se ocupa del arquetipo del descenso, el cual se puede transformar en el abismo de la caída, algo muy vivido por los bohemios, tan abocados al vértigo del caos, el suicidio y la muerte, según vemos a Max Estrella a lo largo de su periplo. Ya Ricardo Domenech, a propósito del simbolismo del espacio, apuntó a lo del arquetipo del descenso, señalando que, el salir a la calle en la primera escena, Max Estrella y don Latino, al tratarse desde lo alto de una guardilla, «salir, significa, ante todo, *descender*» (*Ramón de Valle-Inclán. El escritor y la crítica* 292). Tal descenso, con lo que conlleva de caída trágica, se va espaciando a lo largo del peripatético devenir de Max Estrella, con su seudónimo de Mala Estrella, en una serie de encajonamientos, los cuales, asocia Durand al desdoblamiento y la repetición, propios del régimen nocturno de la imagen, y con lo que tiene de símbolos claustromorfos, de ser un eufemismo del sepulcro (272). Y así va Max cayendo: en la librería de Zaratustra, que se define como cueva, en una rinconada de la taberna de Pica Lagartos, en su entrada en el Ministerio

> marino experto conoce todos los faros, el trasnochador conoce todos los cafés, tabernas, buñolerías, partidas de juego y *casas de cucas nocturnas*. Sabe que en una tienda nocturna de comestibles, llamada del botijito, hay un aguardiente superior. Que en casa de un tabernero conocido con el elegante nombre de *Valentino* se sirve un sabrosísimo estofado. ¿Quieres comer judías? Pues en casa de la *Seña Nastasia*. ¿Prefieres arroz a la valenciana? Pues al chiscón del tío Rinconera. ¿Deseas comer buñuelos? Pues donde con más limpieza que en casa de la *Seña Rosa*? (ya mencionada). Sabe donde el vino tiene menos agua. Donde los combros son más ideales. Donde las tortas están hechas con más *esprit*. Conoce de nombre y de trato a las aguardenteras más notables, desde a Elvira Chaparrones a la Indalecia Rompe-Chanclas. Sabe quienes son los serenos que cantan y los serenos que roncan. De noche lo sabe todo y si no lo sabe lo presiente. Es el poeta de las tinieblas» (*Madrid por dentro y por fuera* 106-107). «Poeta de las tinieblas, como lo fuera Máximo Estrella.

de la Gobernación, el cual en la acotación primera de la Escena Quinta, se nos presenta tan desgobernado con «Aire de cueva y olor frío de tabaco rancio», para dar en otra cueva en la celda del calabozo en un sótano, y siguiendo en un descenso que le lleva a la caída en el dintel de la puerta de su casa, donde vive su muerte, acabando en el encajonamiento en el ataúd y bajado a la fosa del cementerio[33]. La insistencia en el descenso a cuevas nos remite a la famosa quijotesca cueva de Montesinos, aunque lo que «visiona» el ciego poeta en sus cuevas no es el suntuoso palacio y sus maravillas «vividas» por Don Quijote, sino una infernal fantasmagoría político-social de la historia y la sociedad española[34].

En la primera acotación de la Escena Tercera, se nos presenta a Max Estrella y a Don Latino de Hispalis como «sombras en las sombras de un rincón», en la taberna de Pica Lagartos. Jung «denomina sombra a la personificación de la parte primitiva e instintiva del individuo», leemos en el *Diccionario de símbolos* (419) y como tal aparece la sombra en el simbolismo de la literatura decadentista, en la que se inscribe la de los bohemios, con su rechazo de ser lógico y racional visto como lo absurdo, algo que tanto late en el simbolismo de las encarnadas sombras en *Luces de bohemia,* en cuyo sentido mítico, y apuntando a lo mágico, también podemos ver los dos niveles antitéticos que destacara Mircea Eliade en el «simbolismo de las som-

---

[33] Ya en *El frac azul (1863)*, nuestro primer monumento literario bohemio, Enriqueta, la Mimí bohemia, finaliza, al igual que Max, en la fosa del cementerio.

[34] Como se alude en el texto, hay una intertextualidad con el pasaje por el infierno de la *Divina comedia*, de Dante y su acompañante Virgilio: «Nuestra vida es un círculo dantesco. Rabia y vergüenza», le decía Max a Latino al final de la Escena Undécima

bras»: el de la «noche cósmica, la totalidad indiferenciada, las sombras homologables con el caos», pero, también la vuelta a un estado precosmogónico –la noche, la muerte, el vacío primordial– que conlleva un nuevo nacimiento, el pasaje del caos a la creación»; lo cual, y en un sentido simbólico, podría verse en la vida-muerte del ensombrecido Max Estrella, y frente a un mundo tan deshumanizado, como late en el hondo sentido de la pieza tragicómica de Valle-Inclán. Recordemos que, frente a la orteguiana «La deshumanización del arte», Valle Inclán, por las mismas fechas, aspiraba a «La humanización del mundo»; a un arte de re-humanización.

***

Max Estrella y don Latino prosiguen en su deambular nocturno, yendo de borrachera en borrachera. Ya en la primera acotación de la Escena Cuarta, leemos: «Max y Don Latino, borrachos lunáticos, filósofos y peripatéticos, bajo la línea luminosa de los faroles, caminan y tambalean». En ello coinciden con los decadentistas, Poe, Baudelaire y Verlaine, y tantos otros de los auténticos bohemios, quienes efectúan su desenfreno orgiástico en aras del dios Baco, con sus libaciones de vino y ajenjo; el vino «fils sacré du Soleil» («el vino hijo Sagrado del Sol»), cantaba ya Baudelaire en un poema de los años 50 del siglo XIX. Algunos de aquellos bohemios nuestros perecieron apurando la última copa. La embriaguez y el vino, hay que enfatizar, revisten para ellos un significado simbólico: el del aspirar a liberarse de las estrecheces y represiones de la filistea y opresora sociedad burguesa establecida y elevarse a un estado liberador de éxtasis. En la Escena octava, en su diálogo con el ministro, antiguo compañero en la vida bohemia, Max le suelta: «Estás pensado que soy un borracho. ¡Afortunadamente! Si no fuese un borracho ya me hubiera pegado un tiro». Como constatara Juan-Eduardo Cirlot, el vino es un símbolo ambivalente como el dios Dioniso, «De un lado, especialmente el vino rojo, significa la sangre y el sacrificio. De otro, simboliza también la juventud y la vida eterna, así como la embriaguez —cantada por los poetas griegos y persas— que permite al hombre participar fugazmente del modo de ser atribuido a los dioses» (*Diccionario de símbolos* 464). Algo de ésto, late en la figura de Max Estrella y plasma en la escena de celebración orgiástica en el Café, la del encuentro de Max y don Latino con Rubén Darío, y la compartida opípara cena con sus bebidas. Cito la acotación que cierra la escena por lo que alude a ello, donde, asimismo, late la evocación de la amistad que unió a Valle-Inclán y a Ruben Darío[35], y de las escenas compartidas por ellos en sus tertulias y encuentros, y la gran admiración sentida por nuestros bohemios y modernistas por la inspiradora figura del gran Verlaine, tan dado a la bebida Tras Max decir «¡Bebamos!»:

> *Levanta su copa, y gustado el aroma del ajenjo, suspira*
> *y evoca el cielo lejano de París. Piano y violín atacan*

---

[35] De una de sus reuniones, a la que asistió el jovencísimo Juan Ramón Jiménez, a sus 17 años, en Casa de «Pidoux», bebidas, calle del Príncipe, nos da una epatante descripción al comienzo de su «Ramón del Valle-Inclán (Castillo de Quema), 1899-1925»; extensa, entrañable lírica, semblanza, publicada en el Folletón de *El Sol,* 26 enero 1936, pocas semanas después del fallecimiento de Valle-Inclán. Se recoge en *Ramón del Valle-Inclán. El escritor y la crítica* 46-57,

un aire de opereta y la parroquia del Café lleva el compás con las cucharillas de los vasos. Después de beber, los tres desterrados confunden sus voces hablando en francés. Recuerdan y proyectan las luces de la fiesta divina y mortal. ¡Paris! ¡Cabarets! ¡Ilusión! Y en el ritmo de las frases, desfila con su pata coja Verlaine

* * *

Como parte final de este apartado, señalo, sumariamente, dado lo mucho que se ha escrito sobre el tema, las interrelaciones del lenguaje de *Luces de bohemia* con diversos modos del habla, tan propio de la heteroglosia de lenguaje presente en la obra. Destaca, en primer lugar, el uso del lenguaje, castizo, de la calle madrileño y su intertextualidad con el de los juguetes cómicos y zarzuelas tan cultivados por los bohemios y, por autores como Arniches, que lo trajeron a la literatura y al teatro. Sobre ello ya se extendió, con múltiples ejemplos Alonso Zamora Vicente en dos largas secciones, «Literatización» (46-90) y «Lengua, reflejo de la vida» (90-113) de su *Asedio a Luces de bohemia*; un abrazar de la lengua popular, por parte de Valle-Inclán, en su gran giro de 180 grados, frente al lenguaje preciosista, y con tanto de sibilino, anterior, aunque –¡Y ojo!–, mezclado con el lenguaje cañí madrileño, aparece el culto, ambos unidos en la admiración por la palabra, y su uso imaginativo, que preside toda su obra. Unamuno, en la semblanza-homenaje, escrita a poco de su muerte, se extiende sobre ello en su artículo «El habla de Valle-Inclán»[36], señalando, tras decir que era un hombre de teatro,

---

36 Señala, en ella, la relación con la de Quevedo, y reconociendo lo hecho en *Tirano Banderas,* nos dice que Valle-Inclán «acudió al caudal popular de todos los pueblos de España y de la América

«Lengua de escenario y no pocas veces de escenario callejero. ¡Cómo estalla en sus esperpentos!» (*Ramón de Valle-Inclán. El escritor y la crítica* 44)[37].

Destaco, también, algo menos considerado por la crítica en general, centrada en la teatralidad de los esperpentos como tales, la intertextualidad entre el lenguaje de *Luces de bohemia* y el de todos sus esperpentos y el del teatro expresionista en general. Esto corresponde ya al último apartado, no obstante, sumariamente, apunto a tal relación con su abundante uso, en el diálogo, de frases cortas, «telegráficas», y acompañadas de los puntos de interrogación y exclamación, vinculados a un lenguaje gestual y de impacto emocional[38]. ¡Es impresionante!, la acumulación de puntos interrogativos y, más, de los exclamativos, o juntando ambos, a lo largo de *Luces de* bohemia desde la primera escena a la última; comenzando con el inicial: «¡Collet, mal vamos a vernos sin esas cuatro crónicas! ¿Dónde gano yo veinte duros, Collet?, de Max Estrella y hasta la

---

de lengua española y hacia el final afirmaba: «Y él sabía, Valle – como sé yo– que haciendo y rehaciendo habla española se hace historia española, lo que es hacer España. La religión del Verbo, de que procede el Espíritu». Unamuno publicó su artículo en *Ahora*, 29 de enero 1936, y se recoge en *Ramón del Valle- Inclán. El escritor y la crítica* 42-45.

37 En «La lengua reflejo de la vida», sección de su *Asedio a Luces de Bohemia* (90-113), Zamora Vicente se extiende en un complejo ensayo, partiendo de que «El habla esperpéntica supone para Valle 'un chapuzarse en el pueblo', como clamaba Unamuno», Trata de la relación intertextual de los esperpentos, superando el lenguaje del modernismo, con el callejero tan usado en los sainetes, zarzuelas y juguetes cómicos, desde mediados del siglo XIX, pero, asimismo, logrando un inusual brillo artístico, mezclado en una polifónica relación con usos del lenguaje culto,y del lírico y poético, yendo hasta los griegos y el latín.

38 Sí se ocupó de ello, pero centrado en las «Comedias bárbaras», con alguna referencia a los esperpentos, Alfredo Matilla en su, tan incisivo, y detallado estudio *Las «comedias Bárbaras»: historicismo y expresionismo dramático* (1972).

frase final del borracho, con la que concluye el esperpento: «¡Cráneo previlegiado!»[39].

Y para concluir este apartado, señalo que ya en *La Pipa de kif*, publicada en 1919[40], en sus versos iniciales se

---

39 Del uso y del papel, que dichos puntos ortográficos tenían en el teatro expresionista alemán, en su *Anthology of German Expressionist Drama,* Walter H. Sokel enfatizaba el del lenguaje «telegráfico» con abundancia de los puntos exclamativos y de interrogación. De los nueve dramas que incluye en la Antología, siete terminan con frase telegráfica y en exclamación, al igual que *Luces de bohemia*. Dada tal desconocida coincidencia, las cito: «The devil! Take him, save yourself, save yourselves if you can – all is lost!», *Murderer the women's hope* (1907), Oskar Kokoschka; «Pupillary security. Unlimited possibilites. Good Lord!». *The Strongbox* (1912), Carl Sternheim: « ... *spreading out his arms*. I love!», *Humanity* (1818) Walter Hasenclever; « ... and give thanks to death as to a doctor who delivers him from heavy suffering!», *Alkibiades saved* (1920), George Kaiser; « ... that will kill you again tomorrow, my eternally beloved man!», *The immortal one* (1918-20), Yvan Goll: « ... The end!...Take her Life ... Many a person will have died more sinfully ... !», *Cry in the street* (1922) Rolf Lauckner, En esta pieza, se añade otra breve frase final sin el punto de exclamación. También el final de *Baal*, de Bertolt Brecht, tiene un parecido al de *Luces de bohemia,* con Baal, a gatas sobre el quicio de la puerta –como estaba Max al final de la Escena 12–, y exclamando, como remate final: «Stars.. Hm», con lo que tiene de similar al cortante final final, «¡Cráneo previlegiado!», del borracho en el esperpento. Para un estudio del expresionismo en la obra de Valle-Inclán, sería de gran utilidad lo que escribe Elise Richter en «II. *Expresionismo*», de la página 87 a la 125, de su estudio «Impresionismo, Expresionismo y gramática», en el libro *El impresionismo en el lenguaje*, escrito junto a Charles Bally, Amado Alonso y Raimundo Lida.

40 Poemario con su efluvio del cáñamo índico y la contestación social, y en celebración del aniquilamiento de un mundo injusto que habría que liquidar, dando paso a la fraternidad y el amor y en versos como estos de su «¡Aleluya!» inicial: « ... En mi verso rompo los yugos / Y hago la viga a los verdugos.», Yo anuncio la era argentina / De socialismo y cocaína», y «Detrás de la furia guerrera / La furia de amor se exaspera ... », Valle-Inclán está presagiando aquí con algo más de un par de décadas de anticipación, la poesía de los «beats» norteamericanos de mediados de los años 40, los 50 y los 60, del siglo XX. Ya hice una breve alusión a ello, en el artículo «Vanguardia, cannabis y pueblo en *La pipa de kif* », publicado en 1987.

anuncias el lenguaje que llevará a la prosa de los esperpentos: «¡Aleluya!»: «Por la divina primavera / me ha venido la ventolera / De hacer versos funambulescos – / un purista diría grotescos ... »[41]. La precisión y contundencia del lenguaje en *Luces de bohemia*, dio pie a estas agudas y acertadas palabras de Rivas Cherif, dichas en 1963, cuando, ¡por fin!, se iniciaban sus representaciones, hasta entonces tan tenidas como irrepresentables: «La proyección sugestiva que el poeta ejerce con su prosa directamente sobre el lector sobrepuja, hoy por hoy, cualquier representación por buena que sea» (*Artículos de teoría y crítica teatral* 279)[42]. Lo cual nos lleva a lo de que, todavía en nuestros días y ya tan representada, varios críticos insistan en que más que obra dramática, *Luces de bohemia* sea una novela dialogada. Y así entronca con *La Celestina,* grandiosa obra de fines del siglo XV de Fernando de Rojas[43], donde se fundía no-

---

41 Partiendo de ello, como ya señalé, la insigne crítica, Iris Zavala, en *La musa funambulesca. Poética de la carnavalización en Valle-Inclán,* se valió de la carnavalización, dialogismo, heteroglosia, y la transtextualidad del modelo bajtiano y de los teóricos del postestructuralismo.

42 Y efectivamente, en nuestro tiempo cuando tanto se representa la obra, y aun en funciones con las cuales quizás Valle-Inclán, por su gran exigencia, no estaría de acuerdo, tal «proyección sugestiva» de su lenguaje sobre el espectador, hace que la obra sobresalga tanto. Afirmo esto, tras haber visto en *YouTube* algunas de tales representaciones. En todas ellas, estemos o no del todo de acuerdo con el planteamiento, tan original y atrevido en la mayoría de los casos, lo que permanece inalterable, a pesar de algunos cortes, tan fiel y hondamente, son los tan precisos y contundentes diálogos de la lengua; lo mismo sucede con la versión cinematográfica de *Luces de bohemia*.

43 Como ya apuntara Emilio Miró en su ensayo: «Realidad y arte en *Luces de bohemia*»: «El teatro de Valle-Inclán está siempre desbordando los límite inciertos entre el drama y la novela, siguiendo los anchos caminos iniciados en el siglo XV por Fernando de Rojas» (256). Este ensayó se publico el número de *Cuadernos Hispanoamericanos,* enero de 1966, celebrando el centenario de Valle-Inclán. Este número, con sus 551 páginas dio un gran

vela dialogada y obra escénica; también se le ha definido como guión cinematográfico, con tantas de su relación, en cuanto a lo variado de los escenarios y la gestualidad, con la del cine mudo del momento, pero, a pesar de todo ello, *Luces de bohemia* es una única obra dramática, ni novela, ni cine[44], de gran originalidad y complejidad artística y genérica. Y esto nos lleva al tercer y último apartado.

3. En esta parte final de la Introducción, y en función de sus representaciones escénicas, resumo, pues, igualmente, se ha escrito tantísimo sobre ello, los supuestos de la nueva dramaturgia valleinclanesca, cuya pieza fundamental es *Luces de bohemia*; un nuevo teatro por el que bregara en los años 20, con resultados, entonces infructuosos en lo de llevarlo a escena, a pesar de que con su primer esperpento venía a revolucionar la escena teatral. En el teatro español dominante, y tan a expensas de lo comercial, y de unos modos de escenificación y de actuación con un público, en su mayoría burgués, tan entregado a ellos, sus rompedoras innovaciones teatrales se tenían como irrepresen-

---

empuje a la gran revalorización de Valle-Inclán y de su teatro, iniciada por aquellas fechas. Entre otros renombrados críticos y escritores, colaboraron en él, Alonso Zamora Vicente, Rafael Conte, Andrés Amorós, José Cepeda Adán, Idelfonso Manuel Gil, Francisco Ynduráin, Ricardo Domenech, y Carmen Bravo Villasante, quienes tanto contribuyeron a tal revalorización. Igualmente, y con renombradas firmas, las aperturistas *Revista de Occidente* (Novbre-Dicbre, 1966) e *Ínsula*, en el mismo año publicaron números extraordinarios de Homenaje a Valle-Inclán, el año de su centenario, abriendo el camino para la gran exaltación de su teatro y de toda su obra en las últimas tres décadas del siglo pasado y en las dos primeras de este siglo XXI.

44 En otra sección de su *Asedio a Luces de Bohemia,* «Del Teatro al Cine», Zamora Vicente hizo agudas reflexiones sobre el tema, y, aludiendo a lo que ya tenía de cinemático el género chico. Sobre la relación con el cine se extendió Rafael Osuna en sus ensayos: «El cine en el teatro último de Valle-Inclán», y «Un guión cinematográfico de Valle-Inclán; *Luces de bohemia*»..

tables⁴⁵. Todavía en los años 40, Pedro Salinas escribía: «Ni las *Comedias bárbaras,* ni las restantes obras dramáticas de Valle-Inclán están inmediatamente destinadas para la representación. Son para ser leídas⁴⁶» (*Ramón del Valle-Inclán. El escritor y la crítica* 226); frase que, por otra parte, coincide con lo que el propio Valle-Inclán reiterara tanto en los años 20, y como poniéndose en guardia frente a los impedimentos que se oponía para llevar su revolucionario teatro a escena o, temiendo, dentro de la teatralidad convencional establecida, que se lo remataran si llegara a representarse. No obstante, sí puso su empeño en que se llevaran a escena las obras teatrales publicadas. Tras estar unos años apartado de la labor teatral, precisamente en 1920, publicó *Divinas palabras, La farsa de la reina castiza* y *Luces de bohemia,* seguida, en años inmediatos, de los otros esperpentos. No obstante, apenas logró escenificar sus obras teatrales en los años 20 y 30⁴⁷. Frente a ello, expresa-

---

45   Sobre ello, ya se extendía Rivas Cherif en el «Homenaje a Valle-Inclán», en *La Pluma*, 1922. « ... Se dice que el dramaturgo padece por su cáustica y señera independencia una injusta condena a la marginalidad escénica, ya que los grandes coliseos del abono y de las instituciones, le dicen gitanescamente ¡lagarto, lagarto!» Nótese que tal frase aparece reiterada en *Luces de bohemia*.

46   Llevando esto a un extremo, hasta se las niega ser teatro, Azorín en su Prólogo a las *Obras Completas de Don Ramón del Valle-Inclán*. Tomo I, publicado 1954, considera a los esperpentos como novelas dialogadas, y, tratando de *Luces de bohemia*, la llama novela.

47   El 8 de febrero de 1926, el grupo teatral experimental, «El Mirlo Blanco», en el comedor de la casa de los Baroja, Mendizábal 24, estrenó el prólogo y el epílogo de *Los cuernos de don Friolera*. Igualmente, se estrenó *Ligazón*, en el mismo lugar el 8 de mayo. Y por otro grupo experimental, «El Cántaro Roto», de muy corta duración, y dirigido por Valle-Inclán se volvió a estrenar *Ligazón* el 19 de diciembre *Ligazón* en el teatro del recién estrenado Círculo de Bellas Artes. Ya en la República, el 3 de junio, 1931, en el Teatro Muñoz Seca de Madrid, se estrenó *Farsa y licencia de la Reina Castiza,* muy apropiada en aquel momento del recién hundimiento de la monarquía, por la Compañía de Irene López

ba frases como las siguientes: «Yo escribo en forma escénica y dialogada, casi siempre ... , pero no me preocupa que las obras puedan luego ser representadas o no» (*Entrevistas, Conferencias y Carta* 295). Y en marzo de 1927 en una encuesta «¡Cómo escribe usted sus obras?», hasta llega a desdecirse de ser autor dramático, y concluye afirmado: «Me declaro, pues, completamente ajeno al teatro y a sus afanes, sus medros y sus glorias» (*Entrevistas, Conferencias y Cartas* 345), expresando su suma decepción con el teatro comercial de entonces, tan gustado por el público de la mesocracia burguesa. Y sí hay que lamentar de que cuando Valle-Inclán había llevado el teatro español a una cima, dejara de escribirlo, como se condoliera Buero Vallejo: «Es esta una paradoja tristísima, significa que cuando Valle-Inclán alcanza el mayor desarrollo de su poder dramático ha de resignarse a no escribir para la escena española» (*Ramón del Valle-Inclán. El escritor y la crítica* 270).

Sin embargo, por aquellas fechas, ardorosamente, sí se ocupo en especificar, y postular, la revolución escénica que traía al teatro, y no sólo al español, dando charlas y conferencias, tales como «Lo que debe ser el teatro español», en diciembre de 1929 (*Entrevistas, Cartas y Conferencias* 394-397) y, partiendo de algo que había acuñado, por primera vez –hay que insistir en esto-, no él, sino su personaje Max Estrella y agonizando en la Escena Duodécima de *Luces*

---

de Heredia y, por la misma, y en el mismo teatro, el 11 de noviembre, *El Embrujado*. Por fin, el 16 de noviembre de 1933, se estrenó, en el Teatro Español de Madrid, y por la, tan famosa Compañía de Margarita Xirgu y Enrique Borras, la tan esperada *Divinas palabras,* de poco éxito de público dado el momento político-social, Y, ya fallecido Valle-Inclán, se representó, el 14 de febrero de 1936, *Los cuernos de don Friolera* y como «Homenaje Popular a la Memoria de Valle-Inclán».

de bohemia, convirtiendo su drama en meta-teatro: «El esperpentismo lo ha inventado Goya. Los héroes clásicos han ido a pasearse al callejón del Gato ... Los héroes clásicos reflejados en los espejos cóncavos dan el Esperpento. El sentido trágico de la vida española, sólo puede darse con una estética sistemáticamente deformada». Notemos lo de los «héroes clásicos» y la deformación del «sentido trágico de la vida española», lo cual apunta a la nueva originalidad que Valle-Inclán trae a la tragedia, y con ese sentido de una nueva manera que, como ha venido señalando la crítica más reciente y alguno de los directores que han llevado *Luces de bohemia* a escena, era afín al celebrado distanciamiento del teatro épico de Brecht, y anunciando el posterior «teatro del absurdo», de Ionesco y Beckett, como cuando nos dice: «Las imágenes más bellas en un espejo cóncavo (el del callejón del Gato) son absurdas». Asimismo, muchas de tales de las imágenes de sus esperpentos, coincidían, y por las mismas fechas, con las de los ultraístas, y como ya he dicho las del cine y, muy especialmente, las del teatro y la pintura del expresionismo, pasadas por las de los *Caprichos* de Goya, a quien, internacionalmente, se le considera un precursor del expresionismo.

Aunque él no lo declarase, la mayor relación de su nuevo teatro de los esperpentos, y remontándose a *Las comedias bárbara,* es con el teatro expresionista alemán de por las mismas fechas, aunque él no lo conociera. Ya he señalado las coincidencias en el uso del lenguaje, a eso añado, sobre un tema que daría para otro largo ensayo, que mucho de lo que escribe Walter H. Sokel en la Introducción a la *Anthology of German expresionist drama,* apropiadamente subtitulada, «A Prelude to the Absurd» –lo cual también se aplica a los esperpentos– cabalmente, se corresponde con lo del nuevo teatro de Valle-Inclán. Como muestra de ello, traduzco y cito estas primeras palabras de tal Introducción:

> Sus características unificadoras son: rebelión, distorsión y audaz innovación. Tienen en común, a pesar de profundas diferencias en espíritu y forma, la rebelión contra la propiedad, el «sentido común», la autoridad y los convencionalismos en arte y en la vida. Rechazan la tradición de una obra teatral «bien hecha». Junto con el arte dominante en la sociedad burgués, rechazan, desenmascaran y caricaturizan sus costumbres e instituciones. Constituyen no meramente una estética, sino una ética y, a veces, la rebelión política ...

A propósito del efecto del distanciamiento de los esperpentos, se suele traer a colación lo que él tanto insistiera en la forma que un autor tiene de tratar a sus personajes en tres diferentes maneras: de rodillas, como los clásicos griegos a sus héroes, considerándolos superiores; de pie, al par de ellos como Shakespeare, poniéndolos a la altura de su corazón, haciéndoles de su misma naturaleza; y desde arriba, considerándose el autor por encima de ellos, exponiendo su patetismo y ridiculeces[48], como hacen él y Kafka en sus novelas, aunque, y según precisara en una ocasión en

---

48 Y en 1928, en «Hablando con Valle-Inclán», y sobre tal manera «ya definida en Goya», la extendía, y como antecedentes, a Cervantes y a Quevedo. (*Entrevistas, Conferencias y Cartas* 395). Por poner un ejemplo de la relación con Quevedo, la grotesca definición del librero Zaratustra nos lleva a la del licenciado Cabra en *El Buscón*. Y ya mencioné lo de «Miré los muros de la patria mía ... », y la grotesca, hiriente, verba satírica de Quevedo se extiende por los esperpentos, como analiza, con detalle, Bruce Swansey en el ensayo «Una inevitable tentación: apuntes para desarrollar vínculos estructurales entre la obra festiva de Quevedo y los esperpentos de Valle-Inclán».

1925, y matizando lo dicho «considerándolos como Dios considera a sus criaturas, con compasión» (*Entrevistas, Conferencias y Cartas 297*), como sentimos en *Luces de bohemia* y se daba tanto en *El Castillo*, de Kafka. No obstante, y como apuntara, agudamente, Buero Vallejo en su ensayo, «De rodillas, en pie, en el aire (Sobre el autor y sus personajes en el teatro de Valle-Inclán)», hay que tener en cuenta que, aunque prefiera la tercera manera, con su distanciamiento, a algunas de sus criaturas sí las considera de pie, a la altura de su corazón, y hasta arrodillándose ante ellas, como ocurre en *Luces de bohemia* con las trágicas figuras del preso, y asesinado, anarquista catalán, en la Escena Sexta, y la mujer, clamando, con su hijo muerto en los brazos, en la Undécima. Asimismo, considera de pie, y cara a cara, a su «antihéroe» Max Estrella y su dolor, ante lo que siente y ve por dentro, por el sufrimiento de lo que está pasando, como cuando exclama, al enterarse, en la Escena Undécima, del momento en que matan al obrero preso catalán con quien estuvo en el calabozo en la Sexta: «Latino, ya no puedo gritar ... ¡Me muero de rabia! Estoy mascando ortigas». Sí, y hay que insistir en ello, por encima del distanciamiento y de lo esperpéntico, *Luces de bohemia* causa la catarsis emotiva de la tragedia, y frente a la harmartia o destino fatal del personaje, tan estrechamente ligado, y de ahí, su gran originalidad y relevancia, al de la sociedad española[49].

Como insiste en sus declaraciones, lo plástico y lo visual (con sus sonidos, colores, juegos de luces) es lo que

---

49   En esto concurro con varios críticos y directores de escena actuales.Ya en 1966, Emilio Miró en el ensayo que cito en la nota 30, escribía: «Nueva, eterna y de su tiempo, catártica tragedia es *Luces de bohemia*. Con su agonista, cruel despojo de aquellas tensas criaturas casi olímpicas, ciego Edipo sin Antígona ... » (261).

más valora en el Teatro, reforzado con lo que el cine viene a traer a ello con el dinamismo de continuo cambios, y fundidos, de secuencias y la variedad de escenarios e imágenes, le lleva a afirmar la importancia de crear un escenario movible para el nuevo teatro español (sacándole del de una misma sala, de ser un escenario y representaciones teatrales, el del dominante realismo, de una sala, y de «mesa camilla», como expresa en una ocasión). «En torno al Teatro», 1929, a la gran importancia de la plástica, la visualidad, añade el habla, según ya he venido señalando, como expresa al decirnos donde debe converger «el haz de incitaciones estéticas»: «una conciencia de la prioridad en el teatro de lo visual sobre lo conceptual y una vuelta 'al recio romance de Castilla', fuente de la expresión sentenciosa y agresiva que singulariza al español» (*Un Valle-Inclán olvidado* 179), según nos llega el lenguaje de *Luces de bohemia* de un modo tan rotundo. Otro gran procedimiento que aspira traer a la escena, es el de llevar al uso del tiempo la coagulación del espacio que hiciera el Greco en su pintura. Esto lo consigue en ese, casi simultáneo, devenir de las escenas, en varias de las cuales —como señalaré en las notas— se conjuntan tiempos distintos. Como resumen de lo apuntando, cierro con este otro dicho suyo que resumen todas las referencias anteriores: «Concretemos la fórmula que tiene por delante el dramaturgo español: escenario y gritos»[50] (*Un Valle-Inclán olvidado* 186). La importancia de la construcción de los distintos espacios de las escenas, es tal que llegó a decir que el autor dramático es un arquitecto. Complejo, en extremo, es llevar a la escena,

---

[50] Sobre esto, contamos con el excelente ensayo de Gonzalo Sobejano «Culminación dramática de Valle-Inclán: el diálogo a gritos».

la «arquitectura» de cada uno de los numerosos escenarios. De ahí, la gran importancia de las acotaciones, representando la situación, de, y en la cual, surge el relato, y no al revés, en el nuevo teatro de Valle-Inclán como él dijera; acotaciones de una rara originalidad para llevarlas a escena. Por eso, en varias de las representaciones, y por distintos grupos, al inicio de la entrada en cada una de las Escenas, y, a veces, a través de un intervalo en la acción que se vive, se leen las acotaciones con lo que tanto añaden de sorprendente y mágica plasticidad y lírica verbal.

* * *

Hay que lamentar el que, por décadas, *Luces de bohemia* no pudiera ser representada. No lo consiguió en los años veinte bajo la dictadura de Primo de Rivera, ni casi en la República, a partir de 1931[51], ni, tampoco, y por supuesto, en más de los primeros veinte años de la dictadura

---

[51] Ya destaqué la representación, en un «homenaje popular a la memoria de Valle-Inclán», *Los cuernos de don Friolera,* en el Teatro de la Zarzuela, el 14 de febrero de 1936, a poco más de un mes de su fallecimiento y a los tres días de la victoria del Frente Popular en las elecciones nacionales. Se trata, pues, de un gran Homenaje republicano, a quien muriera siéndolo. Lo presidió, Antonio Machado. En él, Federico García Lorca leyó Sonetos de Rubén Darío a Valle-Inclán y prólogo de aquél a la tragedia *Voces de gestas*, y Luis Cernuda leyó «Don Ramón del Valle-Inclán (Castillo de Quema)», de Juan Ramón Jiménez. Cerró el acto Antonio Machado con sus palabras. La cima de la poesía española estuvo presente en aquel acto de exaltación de la persona y de la obra de Ramón del Valle-Inclán, en plena República. Trágicamente, pocos meses después Federico García Lorca fue asesinado por las golpistas fuerzas franquistas en su Granada y en 1939, Antonio Machado moría en el exilio, donde también fueron a parar Juan Ramón Jiménez y Luis Cernuda. La nota de tal estreno y acto, la recoge Juan Antonio Hormigón, comisario-director de *Cincuentenario. Don Valle Inclán y su tiempo hoy. Exposición «Montajes de Valle-Inclán»*, 63-64.

franquista. Como ya apunté, se dio el caso de que su estreno fue en 1963, pero en París y en francés, también se representó, en inglés en Oxford, en 1968, y su estreno mundial en español fue en Argentina, Buenos Aires (1967), como tantas de las publicaciones de los autores exiliados españoles. Medio siglo tuvo que esperar *Luces de bohemia*, tras su publicación, para que, ¡por fin!, fuera estrenada en su Madrid en 1971 por la compañía de José Tamayo y en el teatro Bellas Artes (cuando la dictadura para alargar su ya agonía había aflojado la mano en la censura), y abriendo el camino para las múltiples representaciones del teatro de Valle-Inclán, y de *Luces de Bohemia,* hechas en España en las tres últimas décadas del siglo XX y en estas dos primeras del siglo XXI[52].

Se debe destacar lo que tanto contribuyo para que se abriera el camino para la plena revalorización de Valle-Inclán y la tardía representación de sus obras teatrales en la España franquista: la contestación intelectual a la cerrazón del régimen que se fue imponiendo desde finales de los años 50 y los 60, y a pesar de la censura. En tal contexto, hay que situar el gran «Homenaje a Valle-Inclán» publicado en la revista *Cuadernos Americanos*, Julio y agosto, 1966 –ya mencionada en las notas–, revista mensual, vinculada al oficialista Instituto de Cultura Hispánica, pero

---

[52] Sobre tales representaciones de su teatro en España, desde finales de los años 50 a los 90 del pasado siglo, además del ya citado libro editado por Juan Antonio Hormigón, contamos con los siguientes apartados de la sección «Realidad y deformación en las imágenes valleinclanianas», del libro *El fondo de vaso. Imágenes de don Ramón M. del Valle-Inclán*, de César Oliva: 5. La explosión valleinclanesca de los sesenta. 6. Valle-Inclán en los escenarios de su Cincuentenario. 7. Los noventa y la reconversión plástica valleinclanesca», más el apartado 1. Valle-Inclán en las últimas décadas del siglo XX, de la sección última «La imagen del teatro de Valle-Inclán en el final de siglo».

con directores aperturistas, de alto rango intelectual, como José Antonio Maravall, y los anteriores Pedro Laín Entralgo y Luis Rosales, y, asimismo, muchos de su colaboradores. En unos años, en que la contestataria, llamada «Literatura social», predominaba en la poesía y en la narrativa española, en este número de exaltación de Valle-Inclán aparecen ensayos reivindicando el compromiso social de su último teatro, y aludiendo a sus posiciones vinculadas al anarquismo, socialismo y comunismo, tales como el de José Antonio Gómez Marín, «Valle: estética y compromiso» (175-203), y el de José Cepeda Adán, «El fondo histórico social de *Luces de bohemia* (227-246). Por su parte, Ricardo Domenech publica su seminal y polémico ensayo «Para una visión actual del teatro de los esperpentos».

En él nos da cuenta de que las primeras representaciones del teatro de madurez de Valle-Inclán en la España franquista estuvieron a cargo del Teatro Universitario (los TEU, con una juventud universitaria bastante politizada frente al Régimen en aquellos años). Primero, la de *Los cuernos de don Friolera,* en 1959, y la segunda, la de *Las galas del difunto y la hija del Capitán,* por el TEU de Zaragoza, en el teatro Principal, y bajo la dirección de Juan Antonio Hormigón, en abril de 1964, y con un excelente montaje muy dentro del estilo épico, en la cual estuvo presente el propio Ricardo Domenech. «Cuando cayó por última vez el telón –nos dice–, el teatro se venía debajo de tantos y tan calurosos aplausos. Hubo de quedar la escena vacía, en homenaje al autor, y aquel público joven aplaudió y gritó 'bravos' durante largos y prologados minutos ... » (457); al igual que, en nuestros días, se celebran con entusiasmo, y con gran asistencia de público joven las representaciones de este teatro. El ensayo de Domenech, concluía afirmando, por no decir gritando, dada la urgencia de sus palabras en la España del momento en que las decía, que en los ejemplares esperpentos «laten –con fuerza y energía– dos propias aspiraciones españolas –la justicia social y la libertad– ... » (467); aspiraciones tan presentes en toda la última obra de Valle-Inclán. ¡Juan Antonio Hormigón y Ricardo Domenech, quienes tanto hicieron, y por décadas, por el conocimiento y la exaltación del teatro de Valle-Inclán!

Coincidiendo con el cincuentenario del fallecimiento de Valle-Inclán, se presentó y publicó, en 1986, la ya mencionada, *Exposición. Montajes de Valle-Inclán*, con fichas y algunas fotos de sus montajes teatrales desde 1906 a 1986. En el 2011, José María Paz Gago, tan conocedor de la obra de Valle-Inclán, publicó su libro, *La revolución espectacular. El teatro de Valle-Inclán en la escena mundial,* dedicado a su teatro y representaciones mundiales entre 1898 y 2010. Dedica la sección final a *Luces de bohemia*, con amplia documentación sobre múltiples representaciones, desde su estreno en 1963 hasta el 2010. Desde entonces, hasta el presente, son múltiples las representaciones de *Luces de bohemia*. En ambos libros, se nos presentaban amplias reseñas, comentarios y conversaciones con directores y críticos de las diversas escenificaciones de su obra teatral, de mucho interés pues van dando cuenta de cómo ha ido ganando con el tiempo la comprensión y la riqueza escenográfica de aquel teatro, tenido en su tiempo como irrepresentable.

En el material de ambos libros, limitándonos a lo escrito sobre *Luces de bohemia,* se nos da amplia información sobre la calidad de sus actores, maquillaje, frecuentemente, con caretas y extravagante vestuario, y la gran variedad de las diversas complejas, o sencillas, escenificaciones, más el gran juego de luces, sombras, sonido, colores y música. De gran complejidad y riqueza son los montajes, y desde los años 80 del pasado siglo, de *Luces de bohemia*, con sus plataformas rodantes o giratorias, con sus variados efectos de luz, y tantos nuevos recursos de las nuevas tecnologías visuales y auditivas. Destaco algún ejemplo de tal original complejidad: en las representaciones del elenco de Lluis Pascal, el escenario aparece con un suelo de losas de cristal, de espejo, y con una luz irreal, haciendo que los personajes aparezcan como flotando, en sueños, y un escenario con algo de patio carcelero o de pozo, lleno de vallas, como telas de araña; en las de Alfredo Sanzol, la caja negra del teatro, en total desnudez, con su juego de espejo y luces y sus alusiones a la pintura negra de Goya, y creando la sensación de laberinto en que se mueven los personajes; en las de Helena Pimenta las paredes tratan de asemejarse a un féretro, y las de Lluis Homar, las paredes son de libros que se derrumban acompañando la muerte del protagonista.

En plena efervescencia cultural de la nueva España democrática en la década de los 80, la ceremonial representación de *Luces de bohemia,* 1984, de nuevo en Paris, pero, ahora, en español, y bajo la dirección de Lluis Pascual, en unión con el Teatro de Europa, fue todo un gran acontecimiento artístico y cultural, continuado en su gira por diversas ciudades de España. Daba el tiro de salida, para que distintas compañías teatrales, en Madrid y en tantas otras, ciudades, multiplicaran, desde aquellas fechas a las presentes, los esperpentos, preferentemente, *Luces de bohemia*. Coincidiendo con el auge actual de las presentaciones teatrales y el de las ediciones de esta obra, a partir del año de su centenario, el 2020, en el terreno de la crítica, Valle-Inclán y su obra teatral está recibiendo un nuevo súmmum. Los días 13 y 14 de octubre del 2020, en el Teatro Español, se celebró el seminario, «Cien años de Luces», organizado por la FUC (Filología de la Universidad Complutense), ITEM (Instituto del Teatro de Madrid) y el Teatro Español, coordinado por profesores de la Universidad, tan destacados estudiosos del teatro como Javier Huerta Calvo y Sergio Santiago Romero, y con conferencias de temas tan atractivos, y ya desde sus títulos, como las siguientes: «*Luces de bohemia* o la tragedia calzada en zapatillas», Javier Huerta Calvo, «La cueva de Zaratustra sobre la pulsión dionisiaca en *Luces de bohemia*», Sergio Santiago Romero, «Cinco escenificaciones de *Luces de bohemia*». José Gabriel López Antuñano y «Entre luces y sombras», Ignacio Amestoy. También contó la celebración, con una «Mesa de directores», conformada por Helena Pimenta, Alfredo Sanzol, Lluis Homar y César Oliva, quienes hablaron de los logros en el gran desafío que supone la escenificación de *Luces de bohemia*, y del valor supremo del innovador teatro de Valle-Inclán. Posteriormente, la prestigiosa revista de la Asociación de Directores de Escena Española, *ADE-teatro*, en su número 84, de junio del 2021, dedicó a *Luces de bohemia* un dossier de setenta páginas, «Trayectos por un siglo», con colaboraciones de directores de escenas y críticos tan conocedores de la obra, según cito: «*Luces de bohemia* por un UR teatroantzerkia», Helena Pimenta, «*Luces de bohemia* belleza o muerte», Alfredo Sanzol, «Quien tuviera los miles de ese pirante. De la Buñolería Modernista a Gobernación. Digresiones sobre la escena IV de *Luces de bohemia*», Eduardo Pérez Rasilla, «Max Estrella y su noche. Algunas reflexiones sobre su pasado, presente y futuro en los tiempos del corona virus», Javier Huerta Calvo, y «*Luces de bohemia* en Aleluyas», César Oliva[53]. Me he extendido en este listado, y en el anterior, destacando directores de teatro y estudiosos y sus ensayos para dar una muestra de lo escrito sobre el último arte escénico de Valle-Inclán en el centenario de *Luces de bohemia,* revelando su universalidad en los años veinte ... de este siglo XXI.

* * *

Volviendo, y en esta parte final, a lo escrito al principio de la Introducción, cito estas palabras finales del prólogo de Antonio Machado a la edición de *La corte de los milagros* en 1938: uno de sus últimos escritos, poco antes de salir al exilio y de su temprana muerte en él: «Dos palabras para terminar, Don Ramón, a pesar de su fantástico marquesado de Bradomín[54], estaría con nosotros, con cuantos

---

[53] En la Bibliografía, incluyo estos artículos publicados en *ADE-teatro*, ya que despertarán el deseo de ser leídos o consultados.

[54] En su última novela, *El trueno dorado*, tenemos una fugaz, última e irónica visión del Marqués de Bradomín, a quien se ve saliendo, no de los brazos de una de sus amantes, sino de la Nunciatura, la Nunciatura Apostólica de España, (*El trueno dorado* 78)), y quien quedará totalmente eclipsado en la novela por la exaltación que se vive en ella del anarquista don Fermín, trasunto del glorioso líder republicano y anarquista Fermín Salvochea. Y aún así, sus dos últimos biógrafos, el estudioso Manuel Alberca y su nieto Joaquín del Valle-Inclán, ambos siguen sosteniendo que el último Valle-Inclán siguió aferrado al tradicionalismo y sin rastro de «afinidades izquierdistas», como escribe el nieto, Pasan por alto, todo lo que escribiera ya Juan Antonio Hormigón, y publicado en 1972 sobre el último año de la vida de Valle-Inclán y su identificación con el grupo de destacados escritores afines al «Frente Popular», en lo cual se extiende de la página 262 a la 286, en su *Ramón del Valle Inclán: La Política, la Cultura, el Realismo y el*

sentimos y abrazamos la causa del pueblo»[55]. Nótese que

---

[55] *Pueblo*, ya citado. Curiosamente, ninguno de los dos biógrafos incluyen este libro en sus Bibliografías.
A la luz de lo escrito por Antonio Machado, ya en *La marcha al pueblo en las letras españolas 1917-1936,*, escrita en los años 70 del pasado siglo, estudiaba yo cómo el último Valle-Inclán, tras octubre de 1934 y en su último año, estaba a la altura de lo que expresa Machado, en cuanto a su vinculación a la progresiva causa, político-social, popular. De aquí, que me sienta obligado a contradecir a Manuel Alberca, a quien me unen lazos de amistad, y a Joaquín del Valle-Inclán, y con cierto pesar, pues reconozco la extensa labor, y trabajos, de ambos, en la obtención y uso de multitud de datos para sus Biografías, quienes, con cierto regodeo, frente a quienes pensamos, al igual que Machado sobre el antifascismo de Valle-Inclán, se extienden en las desacertadas declaraciones que hiciera en agosto de 1933 elogiando a Mussolini y el fascismo italiano, reprobadas, en su día, por García Lorca, quien, tres años después, fuera asesinado por el fascismo español. Aunque, tan fieles con los datos, pasan por alto otras declaraciones contrarias que Valle-Inclán hiciera en julio de 1935, en conversación con Armando Bazán: «Habla usted de Mussolini –me dice–, A Mussolini no se le quiere en Italia. Se le teme. En voz alta se le alaba, pero en secreto se hacen muchos chistes sobre su cabeza. El mejor aliado de Mussolini es el miedo. El miedo pavoroso que inspira. Pero el miedo tiene que acabarse. Porque si no Italia tendría que acabar de miedo» Y sí se terminó tal miedo, en 1945, acabando con la vida del dictador. Y uno de los tres que le liquidaron, leo, fue uno de los pocos italianos que estuvieron en las Brigadas Internacionales, y luchando contra los miles de soldados, y cientos de aviones y bombas que Mussolini lanzó contra el pueblo español republicano en la guerra civil.
Valle-Inclán fue elegido presidente de la sección española y miembro del consejo directivo del I Congreso Internacional en defensa de la cultura, y frente al fascismo, a celebrarse en París entre el 21 y el 25 julio de 1935. De tal invitación y nombramiento, sostienen los citados biógrafos que no se sabe si eso fuera cierto o si el propio Valle-Inclán sabía de ello, cuando, en la referida conversación con Armando Bazán, éste nos dice: «Él lo sabía ya. He tenido el honor de ser enviado para acompañarle hasta París». Posteriormente César Arconada, quien fuera nombrado secretario de la delegación española, confirmó que mandó a Bazán a tal encuentro con Valle-Inclán. Confinado en la clínica de Santiago de Compostela con su enfermedad mortal, no pudo hacer el viaje, ni estar allí; pero recordemos que en la Presidencia del Comité del Congreso Internacional, en el que participaron 230 delegados de 86 países, junto al nombre de Valle-Inclán figuraban, nada menos, que H. Barbusse, A. Gide, Thomas Mann,

la editorial que lo publica se llama Nuestro Pueblo, situada en Madrid-Barcelona. Corroborarían estas palabras de Machado, las páginas de una última novela que Valle-Inclán no pudo terminar de revisar, ¿completar? en vida, manuscrito que le acompañaba cerca del lecho en la clínica en que moría, en Santiago de Compostela, el 6 de enero de 1936, *El trueno dorado*; novela póstuma[56], que podría ser vista como cerrando el ciclo de *El ruedo ibérico* y, por dramatismo y uso del lenguaje popular, asimismo, como culminación de los esperpentos[57]. Dentro de la circularidad de su obra, esta novela, por temática y su escenificación y lenguaje, nos remite a *Luces de bohemia*. Por ello, y por la convicción sentida tan hondamente por Valle-Inclán, al borde de la muerte, sobre la injusta desigualdad de la sociedad clasista y su empatía con los desclasados, marginados, en la sociedad capitalista urbana, cuyo lenguaje adopta para escribir sobre sus vidas y tribulaciones, concluyo la Introducción de *Luces de bohemia* con un par de párrafos en torno al *El trueno dorado*; lo último escrito por Valle-

---

Máximo Gorki, Bernard Shaw, Aldous Huxley y Sinclair Lewis. La entrevista de Armando Bazán, «Un diálogo con Valle-Inclán», se recoge en *Valle-Inclán olvidado: entrevistas y conferencias* (276-278), editado por Dru Dougherty. Y a cargo de Eugenio Suárez Galbán.

56 Fue apareciendo semanalmente en el diario *Ahora,* de Madrid, con ilustraciones de Salvador Bartolozzi, quien acabaría en el exilio, entre el 19 de marzo y el 23 de abril. Como novela, permaneció inédita hasta ser publicada en 1976, con prólogo de Gustavo Fabra Barreiro. Como ha ocurrido con *Luces de bohemia,* en los últimos años se han hecho diversas ediciones. En mis referencias me atengo a tal primera edición.

57 De hecho, Juan Antonio Hormigón, hizo de esta corta novela un gran espectáculo teatral, súmmum de los esperpentos, de tres horas y media de duración y con más de treinta actores, estrenada en Guanajuato por la mexicana Compañía Nacional de Teatro, en el Festival Internacional Cervantino, octubre de 2010.

Inclán y donde queda tan patente su implacable compromiso frente a la injusticia social y en solidaridad con el pueblo bajo, como había expresado en 1920.

El tremebundo tema central de la intriga, y como en tantas ocasiones en su obra, no se sabe si se trata de un hecho real, de alguna anécdota, o de su propia imaginación, es el de unos señoritos de la aristocracia, en los últimos tiempos del reinado de Isabel II, que al ser interrumpidos en fiesta flamenca, en el colmado «La Taurina», por un guardia, como broma brutal, le arrojan a la calle desde lo alto de una ventana, dejándole agonizando; una defenestración que ya había salido en *La corte de los milagros*. Con el sentido aglutinador del tiempo en su obra, tal suceso también se podría enmarcar en los años 20 o principios de los 30, cuando se escribe la novela. Ya al comienzo de *El caballero encantado* (1909), Galdós trató de la vida de disipación e injurias de aquellos señoritos madrileños[58]. A partir de tal suceso, la escena de la novela se divide en dos espacios, el del Madrid del centro, en la palaciega casa de los aristócratas[59] y en sus malas conciencias, tan cercanos a

---

58   De hecho, tales truenos de tronados y calaveras señoritos han llegado hasta nuestra época. En un artículo «Los señoritos», publicado en El País, el 30 de marzo de 1977, Francisco Umbral evocaba un caso ocurrido por tales fechas, y usando un lenguaje castizo cercano al de Valle-Inclán: « ... Los Domecq, Alfonso Domecq senior y Alfonso Domecq, junior, armaron la trapatiesta en la corrida goyesca de Ronda, el año 75, y parece que le metieron caña a un modesto representante de la autoridad. Ambos Domecq y el señor Arnos tienen que indemnizar con una pastiza a Juan Luis Hernández y Agustín García. En una novela de Valle-Inclán pasan cosas parecidas con los señoritos *perdis* de la sociedad isabelina ... ».
59   En *Manuscritos inéditos. El ruedo ibérico*, editados por Diego Martínez Torrón, donde en el titulado «Libro Tercero. Ecos de Amodeo», se nos dan numerosas páginas de lo que, más sintetizado e intensificado, se trata en *El trueno dorado*. Se nos describe toda la lujosa ostentación de la casa palaciega con la «goyesca» presentación de la familia de los marqueses de Torre-Mellada, nótese la ironía del nombre y se la sitúa en la Costanilla de San Martín. Más adelante, de la pobrísima casa de vecindad no se nombra su calle.

la reina, fabricando la trapisonda de que se eche la culpa de lo sucedido a un macarra guitarrista, el chulo de la bailarina, hija del guardia; y el espacio de los barrios del Sur, el de las empobrecidas calles, con sus tabernuchas y sus miserables conventillos o casas de corredor, que tanto aparecieran en las novelas de Galdós, a partir de *La desheredada*, y en donde habitaba, pobremente, el agonizante guardia con su mujer y sus cuatro hijitos. Allí se vive el climax de la novela, entre aquella humilde gente, el de la agónica muerte del guardia y su velorio El narrador asume el propio lenguaje de aquellas-os vecinos, sin conciencia de clase —aunque el zapatero remendón silbaba el Himno de Riego—, pero con instintivo sentido de justicia, compasión y solidaridad. Como en la Escena Undécima de *Luces de bohemia,* se forma un coro de gente humilde acusando a los de la goma, los gomistas, como llaman a los señoritos autores del crimen, conscientes de que la in-Justicia establecida hará la vista gorda sobre el criminal suceso. También forman un coro de condolencia en torno al velorio o del muerto, que tanto recuerda al de Max Estrella y en vísperas de que se viviera el propio de Valle-Inclán.

Destaca entre esta gente inculta, una figura señera, habitando un mismo cuartucho o celda, superación dialéctica del anarquizante Máximo Estrella, y rodeado de libros y papeles, y con el retrato de Bakunin, el anarquista don Fermín[60], como le apelan los vecinos, admirándole tanto,

---

60 Quien ya apareciera en *Baza de espadas,* y, viajando hacia Londrés, con el propio Bakunín, exaltado con su anarquismo y como un santo secular, sobre Marx y el marxismo, y que nos remite, y profundizando en ella hacia el final de su vida, a la evolución de las simpatías de Valle-Inclán del carlismo al anarquismo, al cual fueron tan proclives los bohemios históricos de entre siglos.

aunque sin profesar sus ideas, por su bondad, generosidad y entrega en pro de los menesterosos, y a quien consideran como un «santo»: «¡Calladamente, hace muchas caridades! ¡Su tema es la salvación de España!», le encomiaba una de las vecinas «tarascas» (127). Se trata de un trasunto del excelso anarquista, Fernando Salvochea (1842-1907), quien de familia de la alta burguesía de Cádiz, se entregó a la lucha social, y de espaldas a los bienes materiales de su legado, acabó viviendo en la pobreza y llegando a ser considerado como un «santo del anarquismo», y a quien Valle-Inclán tanto exaltara en *Bazas de espadas*, libro, igualmente, escrito hacia el final de su vida. En la obra final de Valle-Inclán, la figura del anarquista don Fermín opaca, por completo, al marqués de Bradomín, a quien, fugazmente, se le ve cruzando la calle en *El trueno dorado*.

A modo de colofón de esta Introducción, entresaco algunas de las frases de Don Fermín en su largo diálogo (129-134) con el médico forense, quien al igual que el cura, vino a cerrar el caso, como si se tratara de algo natural, y que resulta ser de su misma familia, y quien se le opone defendiendo los valores del orden burgués, tan ligado, por aquellas fechas, a la aristocracia, y que don Fernando y a la luz de lo sucedido y cómo se va a despachar el caso del guardia y de quien le matara, va desmantelando: palabras, de las finales escritas por Valle-Inclán, ya de tan cara a su muerte, y donde se actualiza, y vibra, lo que escribía en sus esperpentos en los años 20:

> ... Es abominable vuestro egoísmo burgués! ¡Y vosotros sois la savia de que se nutren las instituciones! Vosotros sois los moralistas y los juristas... Cristo no se ha sentado nunca en el festín de los burgueses... Obró milagros en las bodas aldeanas,

cenó con los pescadores, pero jamás repartió el pan y el vino con mercaderes, latifundistas y financieros. La religión para los partidos burgueses es una patente de corso… ¡Vuestros Tribunales de Justicia son abominables… (*y cuando su pariente le dice que la ley lleva el precepto de acatarla y realiza el fin moral de educar al pueblo en la obediencia,» a don Fermín le llameó la cara*): La sumisión ciega por miedo al castigo no es una virtud: es una cobardía. ¡El látigo sólo puede hacer esclavos!

La novela concluía con el desgarrador grito: «Como un relámpago llenaba la casa el grito estridente de la hija del guardia, Sofi: «¡Mi padre! ¡Mi padre! ¿Quién mató a mi padre?»; desesperado grito igual al de Claudinita, al final de la escena décima tercia de *Luces de bohemia*; proféticos –podríamos añadir– de los que, a partir de unos meses después, se oirían en España por las decenas de miles de padres muertos y asesinados en la guerra civil.

* * *

La presente edición

Preciso que la presente edición de *Luces de bohemia* es una transcripción literal de la edición de 1924, y, reiterando, que sus Escenas 2, 6, y 11, no fueron escritas por Valle-Inclán para ella, sino que ya formaban parte del texto original de 1920, aunque, luego fueran eliminadas por su editor. Francisco Caudet en las notas de su edición del 2017, va contrastando ambas ediciones y señalando las variantes, de poca amplitud, la mayoría de estilo o precisión sintáctica o histórica. Salvo algún caso que anotaré, se tratan de mínimas variaciones. Mi edición, además de estar entrelazada con tanto de lo escrito sobre el Valle-Inclán de los esperpentos y *Luces de bohemia,* aspira a señalar algunas nuevas consideraciones y valorizaciones. ¡Si esto posible tras lo tantísimo escrito sobre ella! Me extiendo bastante en el número de notas al pie de páginas, atendiendo, en el año 2022, a aquello que dijera Azorin, y fechado en 1947, en su prólogo a las *Obras completas* de Valle-Inclán, sobre la necesidad de una edición crítica ya que «va pasando el tiempo y se va perdiendo el recuerdo de todos los rastros auténticos de la obra. Hay en *Luces de bohemia* personajes que se nombran con su propio nombre y hay otros que se designan con nombres supuesto. Frases encontramos que no se sabrán de quien son dentro de algunos años; ya creemos que se ignora su procedencia»(*Obras Completas* I, XXII) Me gustaría que el lector-lectora al tiempo que se deleita con la lectura de *Luces de bohemia,* vaya considerando la obra visualmente, como representación espectacular, y a ser posible viendo en su imaginación como la llevarían ellos y ellas a escena, haciendo de virtuales directores o actores, como se puede esperar de quienes leen una obra teatral. Y asimismo, que vayan contrastando sus propios juicios y opiniones con los de mis interpretaciones. Y, sin más, y como si la estuviéramos viendo y oyendo, entremos en *Luces de bohemia* con su lectura, la cual es imprescindible para gustar y comprender todo lo que puso en ella Don Ramón del Valle-Inclán.

Bibliografía

(La bibliografía a sobre Valle-Inclán es de una inmensa extensión. Me limito a las obras citadas o consultadas para esta edición de *Luces de bohemia*).

AA.VV. «Homenaje a Valle-Inclán (1986-1966)».. *Cuadernos Hispanoamericanos*. 199-200. Julio-Agosto, 1966,

Alberca, Manuel. *La espada y la palabra*. Barcelona: Tusquets Editores, 2015.

Álvarez-Nóvoa, Carlos. *La noche de Max Estrella. Análisis dramatúrgico de* Luces de bohemia *de don Ramón María del Valle-Inclán*. Barcelona: Octaedro, 2000.

Araquistain, Luis. «Italia en 1920». A Valle-Inclán. *La Pluma* (3 de octubre de 1920): 194.

Arco, Miguel Ángel del. *Cronistas bohemios. La rebeldía de la Gente Nueva en 1900*. Madrid: Taurus, 2017

Arniches, Carlos. *Del Madrid castizo. Sainetes*. Ed. José Montero Padilla. Madrid: Cátedra, 1994.

Aub, Max. «Mi teatro y el teatro español anterior a la República». *Primer Acto*.144 (Mayo 1972): 39.

Aznar Soler. *Valle-Inclán, Rivas Cherif y la renovación teatral española* (1907-1936). Barcelona: Cop d'Idees, 1992.

_____. *Iluminaciones sobre* Luces de Bohemia. Incluye el texto *de Luces de Bohemia*. Sevilla: Renacimiento, 1917.

Bahamonde Magro, Ángel y Luis Enrique Otero. Eds. *La sociedad madrileña durante la Restauración 1876 1931*. Volumen I y II. Madrid: Comunidad de Madrid. Consejería Cultural, 1989.

Bark, Ernesto. *La santa bohemia y otros artículos*. Ed. Gonzalo Santoja. Madrid: Biblioteca Bohemia. Celeste Ediciones, 1999.

Bravo Villasante, Carmen. «El lenguaje esperpético de Valle-Inclán». *Cuadernos Hispanoamericanos*. 199-200 (Julio-Agosto 1966): 451-454.

Benjamín, Walter. *Poesía y capitalismo. Iluminaciones II*. Madrid: Taurus, 1998.

Buil Pueyo, Miguel Ángel. *Gregorio Pueyo, librero y editor (1860-1913)*. Aranjuez, Madrid: Doce Calles, 2010.

Cansinos- Asséns, Rafael. «La bohemia en la literatura». *Los temas literarios y su interpretación. Colección de ensayos críticos*. Madrid: Sanz Calleja, 1924.

_____. «Alejandro Sawa : el gran bohemio»; «Francisco Villaespesa», *La novela de un literato* 1. Barcelona: Alianza Tres, 1982. 66-74, y 74-93

_____. «Elogio de los Bohemios». *La novela de un literato* 3. Madrid: Alianza 3, 1986. 232-233.

_____. «Muere Valle-Inclán». *La novela de un literato* 3. 353-354.

Cardona, Rodolfo y Anthony Zahareas. *Visión del Esperpento. Teoría y práctica de los Esperpentos de Valle-Inclán*. Madrid: Castalia, 1970.

Carrere, Emilio. *Del amor, del dolor y del misterio*. Madrid: Prensa Grafica, 2015.

_____. *La bohemia Galante y trágica*. Bajos fondos de la vida literaria. Madrid: Editorial Palomeque, 1920.

_____. *Antología poética*. Madrid: Editores Vassallo de Mumbert, 1971.

Casalduero, Joaquín, «Valle-Inclán: Sentido y forma de *Martes de Carnaval*». *Estudios sobre el teatro español*. Madrid: Editorial Gredos, 1972. 291-308.

Cepeda Adán, José. «El fondo histórico-social de *Luces de bohemia*». *Cuadernos Hispanoamericanos* 199-200 (Julio-Agosto,1966): 227-246.

Cirlot, Juan Eduardo. *Diccionario de símbolos*. Barcelona: Editorial Labor, 1982.

De Max Estrella. Ignacio Amestoy. Madrid: Círculo de Bellas Artes, 1917.

Domenech, Ricardo. «Por una visión actual del teatro de los esperpentos». *Cuadernos Hispanoamericanos*.199-200 (Julio-Agosto, 1966): 455-466.

_____. «Mitos y Ritos en los Esperpentos». *Ramón del Valle-Inclán. El escritor y la crítica*. Ed. Ricardo Domenech. Madrid: Taurus, 1988. 284-309.

Dougherty, Don. *Un Valle-Inclán olvidado: entrevistas y conferencias*. Madrid: Editorial Fundamentos, 1983.

Drumm, Elizabeth. «Valle-Inclán´s ´Armonía de contrarios´ in Theory and Practice: *La Lámpara maravillosa* and *Luces de bohemia*». *Anales de la literatura española contemporánea*. Vol. 41, Issue 3 (2016): 5/77-30/602.

Durand, Gilbert. *Les estructures anthropologiques de l'imaginaire. Introdution à l'archétypologie générale*. Paris: Bordas, 1969.

Esteban, José. *Valle-Inclán y la Bohemia*. Sevilla: Renacimiento, 2014.

_____. *Diccionario de la Bohemia. De Bécquer a Max Estrella (1854-1920)*. Sevilla: Renacimiento, 2017

_____. Y Zahareas Anthony N. *Los proletarios del arte*. Madrid: Celeste Ediciones, 1998.

_____. Y Anthony N. Zahareas. *Contra el canon. Los bohemios de España (1880-1920)*. Madrid: Ediciones de Orto, 2004,

Fuentes, Victor. *La marcha al pueblo en las letras españolas*. Madrid: Ediciones de la Torre, 1980. 2ed, 2006.

_____. «Vanguardia, cannabis y pueblo en *La pipa de kif. Genio y virtuosismo de Valle. Inclán*. Ed. John P. Gabrielle. Madrid: Editorial Orígenes, 1987. 173-182.

_____. *Poesía bohemia española. Antología de temas y figuras*. Madrid: Celeste Ediciones, 1999.

_____. «El Madrid de los bohemios», *Claves de Razón Práctica* 85 (septiembre 1998): 77-80.

_____. *Cuentos bohemios españoles (Antología)*. Sevilla: Renacimiento, 2005.

Gabriele, John P. Ed. *Suma valleinclanesca*. Barcelona: Anthropos, 1992.

Garlitz, Virginia. Milner, «El concepto de karma en dos magos españoles: Don Ramón del Valle-Inclán y Don Mario Roso de Luna». *Estelas, laberintos, nuevas sendas, Unamuno, Valle-Inclán. García Lorca, La Guerra* Civil.

Ángel G. Loureino (Coord.). Barcelona: Anthropos, 1988. 137-149.

_____. *El centro del círculo*. La Lámpara Maravillosa *de Valle-Inclán*. Santiago de Compostela: Biblioteca de la Cátedra Valle-Inclán de la Universidad Santiago de Compostela, 2007.

González Martel, Juan Manuel. «A la atención de don Ramón del Valle Inclán, de s.s.s ′Dorio de Gádex′. Sin acuse de recibo entre las dos ediciones príncipes de *Luces de bohemia*». *Revista de Filología Románica*. Alonso Zamora Vicente. In Memorian. Vol. 23 (2006): 83-106.

Iglesias Hermida, Prudencio. *La España trágica: desde Pedro Romero hasta Belmonte*. Prólogo de Luis Mazzantini. Madrid: Imprenta de Juan Pueyo, 1913.

Hormigón, Juan Antonio. *Ramón del Valle Inclán: La política, la cultura, el realismo y el pueblo*. Madrid: Comunicación serie B. 1972.

_____. Comisario-director. *Exposición: «Montajes de Valle-Inclán*. Madrid: Sociedad General de Autores de España, 1986.

Huerta Javier. «Max Estrella y su noche. Algunas reflexiones sobre su pasado, presente y futuro en los tiempos de la corona virus. ADE-Teatro. N.84 (15-06-2021).

Jerez -Farrán, Carlos. *El expresionismo en Valle-Inclán; Una reinterpretación de la visión esperpéntica*. La Coruña: Ediciones de Castro, 1989.

Jiménez, Juan Ramón. «Ramón del Valle-Inclán (Castillo de Quema). 1899-1925. *Ramón del Valle-Inclán. El escritor y la crítica*. 46-57.

Julia, Santos. «De poblachón mal construido a esbozo de gran capital: Madrid en el umbral de los años 30.». *La sociedad madrileña durante la Restauración 1876 1931*. 137-149.

Kristeva, Julia. *Séméotike. Recherches pour un sémanalyse*. París: Editions du Seuil, 1969.

López Antuñano, José Gabriel. «*Luces de bohemia*. Desafios para la escenificación». ADE Teatro. N. 84 (15-06-2021).

López Nuñez, Juan. *Románticos y bohemios*. Madrid-Barcelona-Buenos Aires: Compañía Ibero-Americana de Publicaciones, 1929.

_____. «Los mártires del periodismo: Carlos Rubio!». *Románticos y bohemios*. 73-78.

Matilla, Alfredo. *Las «Comedias Bárbaras»: historicismo y expresionismo dramática*. Nueva York: Anaya, 1972.

Menéndez Pidal, Ramón. *Discurso de la primitiva lírica popular española*. Madrid: Ateneo Científico, Literario y Artístico, 1919. 84-85..

Monje, López. Jesús M. «Sobre la detención de Max Estrella: tiempo histórico y tiempo de la acción en *Luces de bohemia*». *El Pasajero* (revista electrónica) 31. 2020.

Moreno Godino, Florencio.. «Los trasnochadores». *Madrid por dentro y por fuera*. Eusebio Blanco (Dir). Ed. María Ángeles Ayala. Alicante: Biblioteca Nueva. Universidad de Alicante, 2008. 101-111.

Oliva, César. *El fondo del vaso. Imágenes de don Ramón M. del Valle-Inclán*. Valencia: Universitat d València, 2003.

_____. «Estrategias escénicas en los esperpentos de Valle-Inclán». *Anales de la literatura española contemporánea*. Vol.40, Issue 3 (2015): 217-233/1057.

_____. «*Luces de bohemia* en Aleluyas». N. 84. *ADE-Teatro* (15-06-2021).

Osuna, Rafael. «El cine en el teatro último de Valle-Inclán». *Cuadernos americanos* 222 (1979): 177-184.

_____. «Un ´guión cinematográfico´ de Valle-Inclán: *Luces de bohemia*». *Bulletín of Hispanic Studies*. Vol. 59, Issue 2 (1982): 122-128.

Paz Gago, José María. *La revolución espectacular, El teatro de Valle-Inclán en la escena mundial*. Madrid: Castalia Ediciones, 2011.

Pérez Escrich, Enrique. *El frac azul (episodios de un joven flaco)*. Madrid: Manini Hermanos, editores, 1864,

Pérez-Rasilla, Eduardo. «Las referencias cristológicas de *Luces de bohemia*». *En buena compañía. Estudios en honor de Luciano García Lorenzo*. Ed. ´Joaquín Álvarez Barriento et al, Madrid: CSIC, 2009. 1205-1308.

_____. «Quien tuviera los miles de ese pirante. De la Buñolería Modernista a Gobernación. Digresiones sobre la escena IV de *Luces de bohemia*. ADE-teatro. N. 84 (15-06-2021).

Pimenta, Helena. «*Luces de bohemia* por un UR teatroantzerkia». *ADE-Teatro*. N. 84 (15-06-2021).

Phillips, Allen W. *En torno a la bohemia madrileña 1890-1925. Testimonios, personajes y obras*. Madrid: Ediciones Celeste, 1999.

Predmore, Michael P. «La literatura y la sociedad de Valle-Inclán: concepciones liberal y popular del arte». *Suma valleinclana*. 97-125.

Reguillo, Fernando del Rey. «La defensa Burguesa frente al obrerismo en Madrid. La Unión Ciudadana (1919-1923). *La sociedad madrileña durante la Restauración 1876 1931*. 527-539.

Richter, Elise. «Impresionismo, Expresionismo y Gramática». *El impresionismo en el lenguaje*. Charles Balley, Amado Alonso, Elisa Richter, Raimundo Lida. Buenos Aires: Facultad de Filosofía y Letras. Instituto de Filología, 1936. 1951-120.

Rivas Cherif, Cipriano de. *Artículos de teoría y crítica treatral*. Eds. Juan Aguilera Sastre y Manuel Aznar Soler. Madrid: Centro Dramático Nacional. Colección Laboratorio, 2014.

_____. «Don Ramón de Valle-Inclán. Farsa y herencia de la Reina Castiza». *La Pluma* (22 de junio, 1922): 371.

Rubio Jiménez, Jesús. «*Don Quijote* 1892-1903: prensa radical, literatura e imagen». *El camino hacia el 98. Los escritores de la Restauración y la crisis de fin de siglo*. Ed. Leonardo Romero de Torres. Madrid: Visor, 1998. 297-315.

_____. *Valle-Inclán caricaturista moderno. Nueva lectura de Luces de Bohemia*, Madrid: Editorial Fundamentos, 2006.

Salaün, Serge. «Valle-Inclán, dramaturgo simbolista y expresionista». *Valle-Inclán en el siglo XXI*. Actas del Segundo Congreso Internacional celebrado los días 20, 21, y 22 de noviembre de 2002 en la Universitat Autónoma de

Barcelona. Eds. Manuel Aznar Soler y María Fernanda Sánchez-Colomer, Coruña: Edición do Castro, 2004. 125-141.

Salinas, Pedro. «Valle-Inclán hijo pródigo del 98». *Ramón del Valle-Inclán. El escritor y la crítica*. 221-246.

Sanzol, Alfredo. «*Luces de bohemia* belleza o muerte». ADE-Tearo. N.84 (15-06-2021)

Sawa, Alejandro. *Iluminaciones en la sombra*. Edición, estudio y notas de Iris Zavala. Madrid: Editorial Alhambra, 1997.

Seco, Manuel. *Arniches y el habla de Madrid*. Madrid-Barcelona: Alfaguara, 1970.

Sender, Ramón. *Teatro de masas*. Valencia: Orto, 1931.

Siles, José de. «La buhardilla», en *Poesía bohemia española. Antología de temas y figuras*. 167-168.

Silvestre, Adriana y Guillermo Blank. *Bajtín y Vigotski, la organización semiótica de la conciencia*. Prefacio Michael Cole. Barcelona: Anthropos, 1993.

Sobejano, Gonzalo. «'Luces de bohemia', elegía y sátira. *Ramón del Valle- Inclán. El escritor y la crítica*. 337-363.

_____. «Culminación dramática de Valle-Inclán: el diálogo a gritos». *Estelas, laberintos, nuevas sendas, Unamuno, Valle-Inclán, La Guerra civil*. 111-136.

Sokel, Walter H. *Anthology of German Expressionist Drama*. A Prelude to the Absurd. Nueva York: Double Day & Company, 1963.

Swansey, Bruce. «Una inevitable tentación; apuntes para desarrollar vínculos estructurales entre la obra festiva de Quevedo y los esperpentos de Valle-Inclán». *Valle-Inclán en el siglo XXI*. Actas del Segundo Congreso Internacional. Universität Autónoma de Barcelona. 349-359.

Unamuno, Miguel. De. «El habla de Valle-Inclán». *Ramón del Valle-Inclán. El escritor y la crítica*. 42-45.

Umbral, Francisco. «Los señoritos». El País (30-3-1977).

Vaccano, Alejandro. *Borges. Vida y literatura*. Buenos Aires: Edhasa, 2006.

Valle-Inclán, Ramón del. «Madrid de Noche». *Valle-Inclán y la bohemia*. Ed. Sevilla; Renacimiento, 1914. 67-70.

_____. *La lámpara maravillosa. Ejercicios espirituales*. Opera Omnia. Vol I. Madrid: Sociedad General Española de Libreros, 1916.

_____. *La pipa de kif*. Madrid: Sociedad General Española de Librería, 1919.

_____. *Luces de bohemia. Esperpento. Lo saca a la luz Don Ramón del Valle-Inclán*. Opera Omnia, vol XIX. Madrid: Renacimiento, 1924.

_____. *La corte de los milagros*. Prólogo de Antonio Machado. Madri-Barcelona. Nuestro Pueblo, 1938.

_____. *Obras completas de Don Ramón del Valle-Inclán*. Tomo I. Madrid: Editorial Plenitud, 1954.

_____. *El trueno dorado*. Prólogo y notas de Gustavo Fabra Barreiro. Madrid: Nostromo Editores: Madrid, 1976.

_____. *Luces de bohemia*. Ed. Alonso Zamora Vicente. Apéndice y glosario Joaquín del Valle-Inclán. Madrid: Colección Austral, 1961,

1987.

———. *Luces de bohemia*. Ed. Gregorio Torres Nebrera. Madrid: Carisma Libros, 1997.

———. *Luces de bohemia*. Ed. Francisco Caudet. Madrid: Castalia, 2017.

———. *Luces de bohemia*. Ed, Luis Iglesias Feijoo. Ilustración, Javier Serrano. Barcelona: Vicens Vives, 2017.

———. y Ignacio Amestoy. *Ligazón & La pipa de kif*. Ramón María del Valle-Inclán = *Don Ramón María «El Manco» y otros bohemios. 20 AÑOS DE «LA NOCHE DE MAX ESTRELLA*. Ignacio Amestoy. Madrid: Círculo de Bellas Artes, 2017.

———. *Luces de bohemia*. Edición conmemorativa del centenario. Ed. José María Paz Gago. Madrid: Grupo Editorial Sial- Pigmalión, 2021.

———. *El trueno dorado*. Adaptación escénica de Juan Antonio Hormigón. Madrid: Publicaciones de la Asociación de Directores de Escena de España, 2016.

———. *Manuscritos inéditos. El Ruedo Ibérico*. Ed. Diego Martínez Torrón. Sevilla: Renacimiento, 2019.

Valle-Inclán, Joaquín y Javier del. Eds. *Entrevistas, Conferencias y Cartas. Ramón del María del Valle-Inclán*. Valencia: Pre-Textos, 1994.

Valle-Inclán, Joaquín del. *Ramón del Valle-Inclán. Genial, antiguo y moderno*. Madrid: Espasa, 2015.

Villanueva, Darío. «Valle-Inclán y Jamas Joyce». *Joyce en España*. Eds. Francisco Tortosa y Antón

Raúl de Toro Santo. La Coruña: Universidad, 1994. 55-72.

Zamora, Vicente. *Asedios a «Luces de Bohemia». Primer Esperpento de Ramón del Valle-Inclán*. Madrid: Real Academia Española, 1967.

_____. «Tras las huellas de Alejandro Sawa. Notas a *Luces de bohemia*». *Revista de Filología*. Año XIII. 1968-1969. 383-395.

_____. *Valle-Inclán, novelista por entregas*. Madrid: Taurus, 1973.

_____. «Nuevas precisiones sobre *Luces de bohemia*». *Bohemia y literatura. De Bécquer al Modernismo*. Eds Pedro M- Piñero y Rogelio Reyes. Sevilla: Secretariado de Publicaciones de la Universidad de Sevilla, 1993. 11-26.

Zavala, Iris. *La musa funambulesca. Poética de la carnavalización en Valle-Inclán*. Madrid: Orígenes, 1990.

LUCES DE BOHEMIA

Esperpento[61]

---

61 Transcripción literal de la edición de Madrid, Renacimiento, Imp. Cervantina, 1924. Opera Omnia, XIX (colofón: 30-06-1924), que incluye acentos, puntuación y erratas del texto original. Cuando hay una errata se indica en nota al pie y entre asteriscos la palabra correcta.

Dramatis Personae

Max Estrella, su mujer Madame Collet, y su hija
Claudinita
Don Latino de Hispalis
Zaratustra
Don Gay
Un Pelon
La Chica de la Portera
Pica Lagartos
Un Coime de Taberna
Enriqueta la Pisa Bien
El Rey de Portugal
Un Borracho
Dorio de Gadex, Rafael de los Velez, Lucio Vero,
Minguez, Galvez, Clarinito y Perez Jovenes
Modernistas
Pitito, Capitan de los Equites Municipales
Un Sereno
La Voz de un Vecino
Dos Guardias del Orden
Serafin el Bonito
Un Celador
Un Preso
El Portero de una Redaccion
Don Filiberto, Redactor en Jefe
El Ministro De La Gobernacion
Dieguito, Secretario de su Excelencia
Un Ujier

Una Vieja Pintada y La Lunares
Un Joven Desconocido
La Madre del Niño Muerto
El Empeñista
El Guardia
La Portera
Un Albañil
Una Vieja
La Trapera
El Retirado., todos del Barrio
Otra Portera
Una Vecina
Basilio Soulinake
Un Cochero de la Funeraria
Dos Sepultureros
Ruben Dario
El Marques de Bradomin
El Pollo del Pay-Pay
La Periodista
Turbas, Guardias, Perros, Gatos, un Loro

La accion en un Madrid absurdo, brillante y hambriento[62]

---

62 Frase tan conocida y repetida, pero que no corresponde, del todo con el modernizado Madrid de los años veinte, el de los beneficios de la neutralidad en la I Guerra Mundial, en vías hacia una gran capital; el Madrid de la Gran Vía y del jazz, bares americanos, grandes hoteles como el Palace y el Ritz, la vanguardia artística con sus «Venus mecánicas» y los jóvenes escritores y artistas cambiando la capa y la pipa por el jersey deportivo y la raqueta de tenis; un Madrid de un nuevo relieve cultural y económico, aunque siguiera con sus focos de pobreza en los barrios bajos y en el extrarradio. Dentro de la concentración y «coagulación de tiempos» que encontramos en la obra, y de esa concentración de pasado, presente y futuro en el uso del tiempo, y la presencia de la memoria en la obra de Valle-Inclán, aunque la acción se sitúa en 1920, la citada frase mejor correspondería al Madrid de entre siglos, donde floreció la «brillante» bohemia dorada con bohemios al estilo de Max Estrella, al cual Valle-Inclán convierte en un prototipo trágico de ellos. Sobre aquel Madrid, contamos con libros como *La mala vida en Madrid*, 1901, de Bernaldo Quiros y José María Aguilaniedo. Por su parte, Emilio Carrere escribió un poema contrastado las dos visiones de Madrid, por las fechas cuando se escribe *Luces de bohemia*, «Elegía del viejo Madrid. Viñeta de 1918». Cito algunos versos que coinciden con lo que acabo de decir: «... Triunfa el *jazz-band* / la habanera se trueca en *fox*... Hoy los 'flamencos' van en un *taxi* / con Kety, Margot y Fufú / cantando tangos de Spaventa / van de Bataclán a Stambul. / El *wisky and soda* sustituyen / al expansivo peleón... Madrid de los Palacios lujosos / del *Stadium* y el *Ideal*...». *Antología poética* 123-124. Sobre la evolución hacia este Madrid como capital moderna, contamos con el ensayo de Santos Julia, «De poblachón mal construido a esbozo de gran capital: Madrid en el umbral de los años treinta».

Escena Primera

(HORA CREPUSCULAR. Un guardillón con ventano angosto, lleno de sol[63]. Retratos, grabados, autógrafos repartidos por las paredes, sujetos con chinches de dibujante. Conversación lánguida de un hombre ciego, y una mujer pelirrubia, triste y fatigada. El hombre ciego es un hiperbólico andaluz, poeta de odas y madrigales, Máximo Estrella[64]. A la pelirrubia, por ser francesa, le dicen en la vecindad Madama Collet.)

Max. —Vuelve a leerme la carta del Buey Apis.
Madama Collet. —Ten paciencia, Max.
Max. —Pudo esperar a que me enterrasen.
Madama Collet. —Le toca ir delante.
Max. —¡Collet, mal vamos a vernos sin esas cuatro crónicas! ¿Dónde gano yo veinte duros[65], Collet?

---

63 Como en tantas obras de la bohemia, comenzando con las clásicas *Escenas de la vida bohemia*, de Henri Murger y *La Boheme* de Puccini, ésta se inicia en una guardilla, lugar que reaparece tanto en los relatos y poemas de la literatura bohemia española, y desde *El frac azul*, 1864. Como ejemplo, y por lo bien que se aplica a la de este texto, cito los primeros versos de «La buhardilla», de José Siles, bohemio de la segunda promoción: «NO INSPIRA A QUIEN LA VE NI PAZ NI GOZO; / al penetrar allí se oprime el pecho; / breve ventana y rebajado techo: / más que un hogar parece un calabozo ... », en *Poesía bohemia española. Antología de temas y figuras*. 167-168.

64 Sentimos en esta primera presentación un cierto prejuicio del autor, dentro de su estética del esperpento de mirar a sus personajes desde arriba y bastante por el suelo, aunque, y como el Estrella de su apellido indica, el personaje vive cara al «azul celeste» y es exaltado como maestro por sus coetáneos modernistas y bohemios. Como en tantas grandes obras, creo que se podría afirmar que, en *Luces de bohemia*, el personaje central se le va escapar de las manos a su autor.

65 Antes del paso monetario al euro, un duro constaba de cinco pesetas, y una peseta de cien céntimos con sus cuatro reales. Recordemos que, a principios de siglo, Valle-Inclán se había

Madama Collet. —Otra puerta se abrirá.

Max. —La de la muerte. Podemos suicidarnos colectivamente.

Madama Collet. —A mí la muerte no me asusta. ¡Pero tenemos una hija, Max!

Max. —¿Y si Claudinita estuviese conforme con mi proyecto de suicidio colectivo?

Madama Collet. —¡Es muy joven!

Max. —También se matan los jóvenes, Collet.

Madama Collet. —No por cansancio de la vida. Los jóvenes se matan por romanticismo.

Max. —Entonces, se matan por amar demasiado la vida. Es una lástima la obcecación de Claudinita. Con cuatro perras de carbón[66], podíamos hacer el viaje eterno.

Madama Collet. —No desesperes. Otra puerta se abrirá.

Max. —¿En qué redacción me admiten ciego?

Madama Collet. —Escribes una novela.

Max. —Y no hallo editor.

Madama Collet. —¡Oh! No te pongas a gatas, Max. Todos reconocen tu talento.

Max. —¡Estoy olvidado! Léeme la carta del Buey Apis[67].

---

encontrado en una posición no lejana a la de Max Estrella. En su artículo «Adios a la Bohemia», publicado en *El Pueblo Vasco*, de San Sebastián, 9 de agosto 1903. Ramiro Maeztu, tras declarar que, con la estética morosidad con que Valle-Inclán, escribía, «ganaba en conjunto, sus cuarenta duros al año», añadía, y por supuesto se trata de una exageración: «Ayer me hablaba de su firme propósito de tonsurarse los cabellos e ingresar en un asilo». Se recoge el artículo con la cita en *Los proletarios del arte*, 114.

66 «Cuatro perras», alusivo a pocas monedas o cantidad de dinero, y lo del carbón al usado en los braseros, receptáculo de metal que se ponía bajo las mesa camillas a modo de calefacción

67 Dios egipcio, de la muerte, e intocable, y con su símbolo del yugo del animal buey, mote que se aplica al director del periódico que despide a Max Estrella. Indirectamente, y dentro de la práctica en el esperpento de presentar personas reales, pero con nombres imaginados, podría aludir a Miguel Moya, patriarca de la prensa en aquel entonces, y director del periódico, *El Liberal,* quien diera su golpe de gracia a Alejandro Sawa, cortando, poco antes de su muerte, sus colaboraciones de las que vivía, tan pobremen-

Madama Collet. —No tomes ese caso por ejemplo[68].
Max. —Lee.
Madama Collet. —Es un infierno de letra.
Max. —Lee despacio.

(Madama Collet, el gesto abatido y resignado, deletrea en voz baja la carta. Se oye fuera una escoba retozona[69]. Suena la campanilla de la escalera.)

Madama Collet. —Claudinita, deja quieta la escoba, y mira quién ha llamado.
La Voz de Claudinita. —Siempre será Don Latino.
Madama Collet. —¡Válgame Dios!
La Voz de Claudinita. —¿Le doy con la puerta en las narices?
Madama Collet. —A tu padre le distrae.
La Voz de Claudinita. —¡Ya se siente el olor del aguardiente!

---

te, con mujer e hija, al igual que le sucede a Max. Se inicia, pues, la ficción del bohemio protagonista del esperpento con el eco de lo vivido por Alejandro Sawa, «el príncipe» de la bohemia española.

68 La francesa Madama, vulgarismo por el francés madame, Collet y su hija Claudinita, asimismo, tienen su paralelismo con la esposa e hija de Alejandro Sawa, Jeanne Poirier y Elena. Zamora Vicente, en el prólogo de su edición, se valía del habla de madame Collet para indicar los afrancesamientos en su uso del español, lo cual usa Valle-Inclán dentro de la heteroglosia y polifonía de voces de la obra. A pesar de estas coincidencias señaladas, y tantas otras posteriores de Max Estrella con Alejandro Sawa, hay que insistir que él es un propio ser de ficción, figura emblemática de los bohemios «heroicos» de la «bohemia dorada»; alzados, aún sin un céntimo, contra la sociedad burguesa y sus Instituciones, según iremos presenciando en el transcurso de *Luces de bohemia*.

69 Escoba retozona, vemos ya con tal prosopopeya el lenguaje de tropos, poético, que caracterizan a las acotaciones, y que, asimismo, salta en los diálogos.

(Máximo Estrella se incorpora con un gesto animoso, esparcida sobre el pecho la hermosa barba con mechones de canas. Su cabeza rizada y ciega, de un gran carácter clásico-arcaico, recuerda los Hermes.)[70]

MAX. —¡Espera, Collet! ¡He recobrado la vista! ¡Veo! ¡Oh, cómo veo! ¡Magníficamente! ¡Está hermosa la Moncloa! ¡El único rincón francés en este páramo madrileño! ¡Hay que volver a París, Collet! ¡Hay que volver allá, Collet! ¡Hay que renovar aquellos tiempos![71]

MADAMA COLLET. —Estás alucinado, Max.

MAX. —¡Veo, y veo magníficamente!

MADAMA COLLET. —¿Pero qué ves?

MAX. —¡El mundo!

MADAMA COLLET. —A mí me ves.

MAX. —¡Las cosas que toco, para qué necesito verlas!

MADAMA COLLET. —Siéntate. Voy a cerrar la ventana. Procura adormecerte.

MAX. —¡No puedo!

MADAMA COLLET. —¡Pobre cabeza!

---

70 Con el uso de técnicas cinematográficas utilizadas en la pieza dramática, la principal el fundido, con el yuxtapuesto pase de una Escena a otra, vemos aquí, como en un primer plano, la cabeza de Max, que, asimismo recuerda a la de Sawa, tan resaltada cuando se escribe sobre su figura y persona, y la cual, igualmente, recordaba a Hermes, héroe trágico, y cuyo hado vivirá, de modo esperpéntico, Max Estrella de pies a cabeza.

71 Primera de las visiones de París del ciego Max Estrella, proyectando al exterior, al modo expresionista, lo sentido o «visto» en su interior, y con lo que remite a la gran nostalgia sentida por Alejandro Sawa sobre su estancia de varios años en el bohemio barrio latino de la capital francesa, codeándose con Verlaine y compañía. También hay que notar en la referencia a la Moncloa, que, aunque Max, posteriormente indica que vivía en una calle de nombre ficticio del barrio de Atocha, por donde habitaron los primeros bohemios españoles en la novela *El frac azul*, Alejandro Sawa sí había vivido en un sotabanco de una travesía de la calle de Conde Duque, desde donde sí se podría avistar la Moncloa.

Max. —¡Estoy muerto![72] Otra vez de noche.

(Se reclina en el respaldo del sillón. La mujer cierra la ventana, y la guardilla queda en una penumbra rayada de sol poniente. El ciego se adormece, y la mujer, sombra triste[73], se sienta en una silleta, haciendo pliegues a la carta del Buey Apis. Una mano cautelosa empuja la puerta que se abre con largo chirrido. Entra un vejete asmático, quepis[74], anteojos, un perrillo y una cartera con revistas ilustradas. Es Don Latino de Hispalis. Detrás, despeinada, en chancletas, la falda pingona[75], aparece una mozuela: Claudinita.)

Don Latino. —¿Cómo están los ánimos del genio?
Claudinita. —Esperando los cuartos de unos libros que se ha llevado un vivales para vender.
Don Latino. —¿Niña, no conoces otro vocabulario más escogido para referirte al compañero fraternal de tu padre, de ese hombre grande que me llama hermano?

---

72 El latido de Tánatos, le va a acompañar a Max desde el empiece de la acción, como expresa con su frase, y con el cierre de la ventana al resplandeciente sol del ocaso.

73 Sombra triste, como la que envolverá, posteriormente, a Max y a don Latino y a tantas de las personas de la pieza teatral.

74 Quepis, gorra cónica con visera, del la cual se nos dice en el diccionario de la Real Academia Española (DRAE), que, como prenda de uniforme, usan los militares en algunos países. Vemos, pues, un rasgo central de la pieza, el de esperpentizar a los personajes con su indumentaria, acentuando lo grotesco, aunque, por su parte, la haraposa ropa, la ostentaban los bohemios como una pose, llamativa y provocadora, de rebeldía frente al vestir de etiqueta de los burgueses.

75 Pingona, de pingo, o harapo colgante de la falda. En el Glosario de Zamora Vicente, hay una cierta confusión, pues afirma: **pingona:** adjetivo sobre pingo, ´mujer de mala vida´». Y, aunque el diccionario de la Academia Española, en una de las acepciones de pingo, dice «mujer de vida casquivana», eso no tendría nada que ver con la falda de la jovencita Claudinita, ni con ella.

¡Qué lenguaje, Claudinita[76]!

MADAMA COLLET. —¿Trae usted el dinero, Don Latino?

DON LATINO. —Madama Collet, la desconozco, porque siempre ha sido usted una inteligencia razonadora. Max había dispuesto noblemente de ese dinero.

MADAMA COLLET. —¿Es verdad, Max? ¿Es posible?

DON LATINO. —¡No le saque usted de los brazos de Morfeo![77]

CLAUDINITA. —¿Papá, tú qué dices?

MAX. —¡Idos todos al diablo!

MADAMA COLLET. —¡Oh, querido, con tus generosidades nos has dejado sin cena!

MAX. —Latino, eres un cínico.

CLAUDINITA. —Don Latino, si usted no apoquina[78], le araño.

DON LATINO. —Córtate las uñas, Claudinita.

CLAUDINITA. —Le arranco los ojos.

DON LATINO. —¡Claudinita!

CLAUDINITA. —¡Golfo[79]!

DON LATINO. —Max, interpón tu autoridad.

MAX. —¿Qué sacaste por los libros, Latino?

DON LATINO. —¡Tres pesetas, Max! ¡Tres cochinas pese-

---

76 Se inician ya en esta escena, los duelos verbales que encontramos en la dialógica de la pieza. En este caso, el lenguaje popular madrileño de la joven y el más escogido y culto, de acuerdo con su Don del vetusto, pillo y mentiroso Don Latino.

77 El Dios griego de los sueños.

78 Apoquina, paga, suelta el dinero. Comienza el uso del tan generalizado lenguaje castizo madrileño, que se extiende a lo largo de la obra

79 Ha empezado el lenguaje exclamativo y de gritos que se oye en tantas Escenas y que, como analizara Gonzalo Sobejano en «Culminación dramática de Valle-Inclán el diálogo a gritos», corresponde a la función emotiva del lenguaje, al pathos, a lo patético; lenguaje, igualmente, tan propio, como ya destaqué en la Introducción, del teatro expresionista.

tas! ¡Una indignidad! ¡Un robo!

CLAUDINITA. —¡No haberlos dejado!

DON LATINO. —Claudinita, en ese respecto te concedo toda la razón. Me han cogido de pipi[80]. Pero aún se puede deshacer el trato.[81]

MADAMA COLLET. —¡Oh, sería bien!

DON LATINO. —Max, si te presentas ahora conmigo, en la tienda de ese granuja y le armas un escándalo, le sacas hasta dos duros. Tú tienes otro empaque.

MAX. —Habría que devolver el dinero recibido.

DON LATINO. —Basta con hacer el ademán. Se juega de boquilla[82], maestro.

MAX. —¿Tú crees?...

DON LATINO. —¡Naturalmente!

MADAMA COLLET. —Max, no debes salir.

MAX. —El aire me refrescará. Aquí hace un calor de horno.

DON LATINO. —Pues en la calle corre fresco.

MADAMA COLLET. —¡Vas a tomarte un disgusto sin conseguir nada, Max!

CLAUDINITA. —¡Papá, no salgas[83]!

MADAMA COLLET. —Max, yo buscaré alguna cosa que empeñar.

---

[80] Abreviación de pipiolo, novato, inexperto, según señala Zamora Vicente en su Glosario. Como iremos viendo, en el lenguaje popular madrileño se suele usar el apócope, cortando las palabras, como en este caso.

[81] Según veremos en la segunda Escena, Don Latino está mintiendo pues estaba compinchado con Zaratustra en lo de los libros. Lo que quiere, como buen bohemio, es sacar a la calle a Max Extrella para vivir su noche bohemia, yendo de taberna en taberna y deambulado por las calles en un peripatético «filosofar».

[82] Se juega de boquilla, apostando sin poner el dinero.

[83] Encontramos, en la escena, el eco lejano de la sobrina y el ama de Don Quijote, tratando de impedir su salida en la segunda parte, y previniendo, como en ésta instancia, lo mal en que pararía.

Max. —No quiero tolerar ese robo. ¿A quién le has llevado los libros, Latino?
Don Latino. —A Zaratustra[84].
Max. —¡Claudina, mi palo y mi sombrero!
Claudinita. —¿Se los doy, mamá?
Madama Collet. —¡Dáselos!
Don Latino. —Madama Collet, verá usted qué faena[85].
Claudinita. —¡Golfo!
Don Latino. —¡Todo en tu boca es cación[86], Claudinita!

(Máximo Estrella sale apoyado en el hombro de Don Latino. Madama Collet suspira apocada, y la hija, toda nervios, comienza a quitarse las horquillas del pelo.)

Claudinita. —¿Sabes cómo acaba todo esto? ¡En la taberna de Pica Lagartos[87]!

---

84   Mote alusivo al que se dice puede ser un trasunto del librero Gregorio Pueyo, quien tanto compró –a veces con sus mañas- y publicó a los escritores bohemios y modernistas. Alude al Zaratustra del libro de Nietzsche, *Así habló Zaratustra,* tan difundido en España por décadas, y que influyó en los escritores del 98, según estudiara Gonzalo Sobejano en su libro *Nietzsche en España.*

85   Tan aficionado a los toros, por su gran sentido ritual, como lo fuera Valle-Inclán, a tal «faena» se lanzan al ruedo –el madrileño, anticipando el *Ruedo ibérico* posterior-, en su peripatética «andante caballería bohemia», Max Estrella y Don Latino, con lo que tienen, pasados por el espejo cóncavo, de ser un ciego don quijote y un sancho letrado. Asimismo, Don Latino, aunque es un ilustrado «viejales», se relaciona con el lazarillo de la novela picaresca, y el gracioso de la comedia clásica española. y con su tanto de ser personificación de uno de los bohemios de la llamada «golfemia». En cuanto a lo de los toros, en el Prólogo de *Lo cuernos de Don Friolera,* éste dirá: «Si nuestro teatro tuviera el temblor de las fiestas de toros, sería magnífico»; un temblor que Valle-Inclán lleva a sus esperpentos.

86   *canción*

87   Ya en 1897, Valle-Inclán, en su «Madrid de noche», describía así las salidas nocturnas de los bohemios: « ... la hora en que los bohemios, semejantes a aves nocturnas, bajan de sus guardillas,

Escena Segunda

(LA CUEVA de Zaratustra en el Pretil de los Consejos[88]*. Rimeros de libros hacen escombro y cubren las paredes*[89]*. Empapelan los cuatro vidrios de una puerta, cuatro cromos espeluznantes de un novelón por entregas. En la cueva hacen tertulia, el gato, el loro, el can y el librero. Zaratustra, abichado y giboso -la cara de tocino rancio y la bufanda de verde serpiente- promueve con su caracterización de fantoche, una aguda y dolorosa disonancia muy emotiva y muy moderna. Encogido en el roto pelote de una silla enana, con los pies entrapados y cepones en la tarima del brasero, guarda la tienda*[90]*. Un ratón saca el hocico intrigante por un agujero.)*

---

aterIdos de frío, las manos hundidas en los desgarrados bolsillos del pantalón y embozados en una vieja capa, cuando no a cuerpo gentil, metidos en una levitilla lustrosa y bisunta, abrochada hasta debajo de la barba ... »; recogido en *Valle-Inclán y la bohemia* 67.

[88] Esta «cueva» de librería con su amañado librero, es un topos de la vida y de la literatura de los bohemios. Contamos con numerosos casos de escritores bohemios, obligados a vender a desaprensivos libreros o intermediarios sus poemas, novelas seriales o juguetes cómicos; a veces, hasta por el irrisorio cobro de una comida o permitiendo que su obra se edite o represente bajo otro nombre de autor más conocido. Se considera al librero Zaratustra como un trasunto del renombrado Gregorio Pueyo, aunque su Librería no estaba en la calle que se menciona. Curiosamente, Emilio Carrere, presentó otro trasunto de Pueyo, con un relato en su Librería, dando la calle en donde se situaba, la de Mesonero Romanos, y con una caricatura «esperpéntica» de él y sus manejos, en *La bohemia galante y trágica. Bajos fondos de la vida literaria* (90-93), y con el nombre de Gregorio Argüeyo. Se da el caso de que el cuñado de Pueyo, quien estaba al frente de la Librería, era conocido por el Nietzsche, o el señor Ramón. ¿Se inspiraría Valle-Inclán en él para dar a su librero el nombre de Zaratustra, el personaje creado por Nietzsche? El libro de Carrere se publicó,

ZARATUSTRA.—¡No pienses que no te veo, ladrón!
EL GATO.— ¡Fú! ¡Fú! ¡Fú!
EL CAN. —¡Guau!
EL LORO. —¡Viva España!

(Están en la puerta Max Estrella y Don Latino de Hispalis. El poeta saca el brazo por entre los pliegues de su capa, y lo alza majestuoso, en un ritmo con su clásica cabeza ciega[91].)

MAX. —¡Mal Polonia recibe a un extranjero![92]

---

precisamente, en 1920, el mismo año en que apareció *Luces de bohemia*, donde, también, se tratan tales bajos fondos literarios, aunque sublimados por la esperpentización, ¡valga la paradoja! Sobre la vida y obra del librero Pueyo, contamos con el reciente libro: *Gregorio Pueyo, librero y editor (1860-1913)*, de Miguel Ángel Buil Pueyo.

89 Frase que inspiró al dramaturgo Lluís Homar, según ya indiqué en la Introducción, para presentar, en su *Luces de bohemia*, las paredes del escenario hechas de libros, flanqueado un abismo donde se encuentran los personajes, y derrumbándose como escombros en la Escena de la muerte de Max Estrella.

90 Aparece, en esta descripción, ya muy realzada con el juego verbal, encarnada por el librero, la figura de fantoches y monigotes de la esperpéntica muñequería de *Luces de bohemia* y de los esperpentos. Le vemos sentado en una silla, destripada, dejando salir su relleno, «el pelote», con sus pies como cepas plantadas, «cepones» y descalzos, envueltos en trapos, «entrapados». Se le describe, además, de «abichado», lo cual le pone al nivel del ratón, el gato y el loro, con quienes dialoga. A renglón seguido, en otra acotación, se animaliza como perro a Don Latino, y quien, «humanizando» al perro, aparece ligado a Zaratustra een el engaño de los libros. Dentro de la intertextualidad con su obra anterior, lo de la «bufanda de verde serpiente» podría aludir al simbolismo del ouroboros, serpiente que se muerde la cola, como ya aparece apuntando a su estructura circular en *La Lámpara Maravillosa*.

91 Vemos, ahora, el empaque de Máximo Estrella, tal como ya lo destacara Don Latino, con su altivez, desplantes y brotes coléricos, evocando, en ocasiones, a Don Quijote, a Alejandro Sawa y al mismo Valle-Inclán.

92 Se inicia con tal frase la tan explícita literatización (a la cual Zamora Vicente dedicara toda una sección en su *Asedio a Luces de bohemia*) que se da a lo largo de la pieza. La frase es de Rosaura

ZARATUSTRA.—¿Qué se ofrece?
MAX. —Saludarte, y decirte que tus tratos no me convienen.
ZARATUSTRA.—Yo nada he tratado con usted.
MAX. —Cierto. Pero has tratado con mi intendente[93], Don Latino de Hispalis.
ZARATUSTRA.—¿Y ese sujeto de qué se queja? ¿Era mala la moneda?

(Don Latino interviene con ese matiz del perro cobarde, que da su ladrido entre las piernas del dueño.)

DON LATINO. —El maestro no está conforme con la tasa, y deshace el trato.
ZARATUSTRA.—El trato no puede deshacerse. Un momento antes que hubieran llegado... Pero ahora es imposible: Todo el atadijo conforme estaba, acabo de venderlo ganando dos perras[94]. Salir el comprador, y entrar ustedes[95].

---

en *La vida en sueño* de Calderón de la Barca, al haber caído del caballo nada más entrar en Polonia. Jornada 1, versos 17 y 18.

93   Contrario a tantos posteriores adjetivos denostadores con que Max se refiere a Don Latino, aquí le ensalza a llevar la intendencia de su economía, claro que se trata de una economía totalmente por los suelos.

94   Dos perras, poquísima moneda o dinero.

95   Tales tratos con los libreros, ya los vivió Valle-Inclán con su segundo libro, *Epitalamio*, según contaba Azorín en el Prologo a sus *Obras Completas*, yendo «en su correr por Madrid de un librero a otro»: «un librero, por ejemplo, le toma firme, es decir, pagándole en el acto un solo ejemplar; otro le toma, después de pensarlo mucho, dos ejemplares en comisión; un tercero, con un gesto desdeñoso, considera el ejemplar que el autor le ha puesto en sus manos y acaba por devolvérselo» Y Azorín concluía añadiendo que, tras su infausta correría, estando Ramón de Valle-Inclán sentado con una amigos en un Café, tras decir que no quería «saber más de los libreros ni de su libro», arrojó por la ventana el librito que tenía en la mano (*Obras Completas de Ramón del Valle-Inclán* I, XI).

(*El librero, al tiempo que habla, recoge el atadijo que aún está encima del mostrador, y penetra en la lóbrega trastienda, cambiando una seña con Don Latino. Reaparece.*)

Don Latino. —Hemos perdido el viaje. Este zorro sabe más que nosotros, maestro.
Max. —Zaratustra, eres un bandido.
Zaratustra.—Esas, Don Max, no son apreciaciones convenientes.
Max. —Voy a romperte la cabeza.
Zaratustra.—Don Max, respete usted sus laureles.
Max. —¡Majadero!

(*Ha entrado en la cueva un hombre alto, flaco, tostado del sol. Viste un traje de antiguo voluntario cubano*[96], *calza alpargates abiertos de caminante, y se cubre con una gorra inglesa. Es el extraño Don Peregrino Gay*[97], *que ha escrito la crónica de su vida andariega en un rancio y animado castellano, trastocándose el nombre en Don Gay Peregrino.-Sin pasar de la puerta, saluda jovial y circunspecto.*)

Don Gay. —¡Salutem plúriman![98]
Zaratustra.—¿Cómo le ha ido por esos mundos, Don Gay?

---

[96] Referencia a soldados de la guerra de la independencia de Cuba, que tuvo su desastroso final en 1898.

[97] Coincide la crítica en ver a este don Peregrino, como una transposición del tan viajante escritor Ciro Bayo (1859-1939), autor de libros tales como *El peregrino entretenido* (1910). Este «Don», tan otorgado a los «muñecos» de los esperpentos parece tener un sentido irónico y contradictorio, por un lado, se les eleva por su «intelectualidad», tan poco apreciada en la sociedad burguesa, por otro aparece como un denuesto burlón, al estilo «Don Mendo», «Don bellaco» «Don ladrón», o «Don Nadie», como terminará siendo Don Latino.

[98] *plurimam*! El convencional saludo latino, «Salutem plurimam dicit»

Don Gay. —Tan guapamente.
Don Latino. —¿Por dónde has andado?
Don Gay. —De Londres vengo.
Max. —¿Y viene usted de tan lejos a que lo desuelle Zaratustra?
Don Gay. —Zaratustra es un buen amigo.
Zaratustra.—¿Ha podido usted hacer el trabajo que deseaba?
Don Gay. —Cumplidamente. Ilustres amigos, en dos meses me he copiado en la Biblioteca Real, el único ejemplar existente del Palmerín de Constantinopla[99].
Max. —¿Pero, ciertamente, viene usted de Londres?
Don Gay. —Allí estuve dos meses.
Don Latino. —¿Cómo queda la familia Real?
Don Gay. —No los he visto en el muelle[100]. ¿Maestro, usted conoce la Babilonia Londinense?
Max. —Sí, Don Gay.

(Zaratustra entra y sale en la trastienda, con un[101] vela encendida. La palmatoria pringosa, tiembla en la mano del fantoche. Camina sin ruido, con andar entrapado. La mano, calzada con mitón[102] negro pasea la luz por los estantes de libros. Media cara en reflejo y media en sombra. Parece que la nariz se le dobla sobre una oreja. El loro ha puesto el pico bajo el ala. Un retén de polizontes pasa con un hombre maniatado[103]. Sale alborotando el barrio un

---

99 Siguiendo con el contraste entre realidad y ficción de toda la obra, tal «Palmerín» no existe, aunque sí el *Palmerín de Inglaterra*, del portugués Francisco de Moraes (1500- 1572).
100 Burlona, exaltadora frase, a sí mismo, de don Gay, insinuado que la familia Real no llegara al muelle a despedirle.
101 *una*
102 Mitón, guante que no cubre los dedos.

chico pelón[104] *montado en una caña, con una bandera.)*

EL PELÓN. —¡Vi-va-Es-pa-ña!
EL CAN. —¡Guau! ¡Guau!
ZARATUSTRA.—¡Está buena España!

(Ante el mostrador, los tres visitantes, reunidos como tres pájaros en una rama, ilusionados y tristes, divierten sus penas en un coloquio de motivos literarios. Divagan ajenos al tropel de polizontes, al viva del pelón, al gañido[105] *del perro, y al comentario apesadumbrado del fantoche que los explota. Eran intelectuales sin dos pesetas*[106].*)*

---

103 Muy importante, ya esta mención del detenido en quien podemos ver al obrero anarquista catalán encarcelado en la escena Sexta, y asesinado en la Undécima. Por su parte, los tres empobrecidos intelectuales, embelesados en su discusión aparecen estar muy de de espaldas a lo que pasa en la calle, lo cual cambiará en la Escena Cuarta.

104 Pelón: nótese el posible doble sentido, de con el pelo al rape y de ser un don Nadie, que solía darse en una misma persona.

105 Gañido, de Gañir: «Dicho de un perro: Aullar con gritos agudos y repetidos cuando lo maltratan» (DRAE). No vemos maltrato, aunque su repetido ¡Guau!, podría verse como un quejido ante el «Viva España» del pelón con la bandera, imagen esperpéntica de por sí.

106 Introduce, Valle-Inclán, en el esperpento esta conversación, en un lenguaje elocuente entre estos marginados, empobrecidos «intelectuales», lo cual nos remite a las conversaciones de escritores y artistas bohemios y modernistas en sus tertulias, y, en las que tanto brillara Valle-Inclán; en alguna de las tajantes afirmaciones de Max sobre España, la tradición y la religión encontramos ecos de lo que pudiera haber dicho su autor en aquellas tertulias en cafés, varias de ellas encabezadas por él. Por otra parte, hay una implícita crítica a los modernistas, de quien Valle-Inclán fuera uno hasta las fechas de esta nueva etapa, de mantenerse al margen de los conflictos socio-políticos. Encontramos en la conversación, como al comienzo de Max hablando con su esposa, el lenguaje coloquial, de sesgo meditador, que, también, se oye a lo largo de la pieza y que corresponde al logos, según el estudio de Gonzalo Sobejano ya citado en la nota 19.

Don Gay. —Es preciso reconocerlo. No hay país comparable a Inglaterra. Allí el sentimiento religioso tiene tal decoro, tal dignidad, que indudablemente las más honorables familias, son las más religiosas. Si España alcanzase un más alto concepto religioso, se salvaba.

Max. —¡Recémosle un Requiem! Aquí los puritanos de conducta son los demagogos de la extrema izquierda. Acaso nuevos cristianos, pero todavía sin saberlo.

Don Gay. —Señores míos, en Inglaterra me he convertido al dogma iconoclasta, al cristianismo de oraciones y cánticos, limpio de imágenes milagreras. ¡Y ver la idolatría de este pueblo!

Max. —España, en su concepción religiosa, es una tribu del Centro de África.

Don Gay. —Maestro, tenemos que rehacer el concepto religioso en el arquetipo del Hombre-Dios. Hacer la Revolución Cristiana, con todas las exageraciones del Evangelio[107].

Don Latino. —Son más que las del compañero Lenin[108].

Zaratustra.—Sin religión no puede haber buena fe en el comercio.

Don Gay. —Maestro, hay que fundar la Iglesia Española Independiente.

---

107 En esta expresión y en la posterior de Max, «Hay que resucitar a Cristo», late un remoto antecedente a lo que postulará la Teología de la Liberación. Concuerda con lo de sentirse los bohemios, con su calvario, muy cercanos al Cristo del Evangelio. Ya cité algunos ejemplos en la Introducción.

108 Contrario a la burlona referencia de Don Latino, y, paradójicamente, y casi por las mismas fechas, el bolchevizado Valle-Inclán, en una conferencia en La Habana, noviembre de 1921, tras un gran elogio a la revolución rusa, añadía: «y Lenin es el más grande estadista de estos tiempos» (*Entrevistas, Conferencias y Cartas* 212). Otro ejemplo de la unidad de los opuestos en tal pareja, y tan presente en la obra y en el propio pensamiento de Valle-Inclán.

Max. —Y la Sede Vaticana, El Escorial.
Don Gay. —¡Magnífica Sede!
Max. —Berroqueña[109].
Don Latino. —Ustedes acabarán profesando en la Gran Secta Teosófica. Haciéndose iniciados de la sublime doctrina[110].
Max. —Hay que resucitar a Cristo.
Don Gay. —He caminado por todos los caminos del mundo, y he aprendido que los pueblos más grandes no se constituyeron sin una Iglesia Nacional. La creación política es ineficaz si falta una conciencia religiosa con su ética superior a las leyes que escriben los hombres.
Max. —Ilustre Don Gay, de acuerdo. La miseria del pueblo español, la gran miseria moral, está en su chabacana sensibilidad ante los enigmas de la vida y de la muerte. La Vida es un magro puchero: La Muerte, una carantoña[111] ensabanada que enseña los dientes: El Infierno, un calderón de aceite albando[112] donde los pecadores se achicharran como boquerones: El Cielo una kermés sin obscenidades, a donde, con permiso del párroco, pueden asistir las Hijas de María[113]. Este pueblo mise-

---

109 De piedra de granito.
110 Primera alusión a la Teosofía con sus diversas doctrinas religiosas y místicas, que se sienten iluminadas por la divinidad, y de lo que se trata en Escenas posteriores con su tanto de parodia, pero, asimismo, con lo que la parodia tiene de Homenaje. Ya me ocupé de ello en la Introducción. Se dice que Ciro Bayo, al igual que Valle-Inclán, estaba versado en el ocultismo.
111 Doble sentido de la expresión, por un lado en su significado de caricia, pero ensabanada, de la muerte, por otro y con lo de «enseñar los dientes,» y, también, remite al otro significado del término: «mujer vieja y fea que se aplica aceites para ocultar su fealdad» (DRAE). En descripciones como ésta, vemos el ingenio quevedesco de Valle-Inclán, tan presente en sus esperpentos.
112 Hirviendo.
113 Hijas de María, Organización de damas católicas en las distintas parroquias.

rable, transforma todos los grandes conceptos en un cuento de beatas costureras. Su religión es una chochez de viejas que disecan al gato cuando se les muere.

ZARATUSTRA.—Don Gay, y qué nos cuenta usted de esos marimachos que llaman sufragistas[114].

DON GAY. —Que no todas son marimachos. ¿Ilustres amigos, saben ustedes cuánto me costaba la vida en Londres? Tres peniques, una equivalencia de cuatro perras. Y estaba muy bien, mejor que aquí en una casa de tres pesetas.

DON LATINO. —Max, vámonos a morir a Inglaterra. Apúnteme usted las señas de ese Gran Hotel, Don Gay.

DON GAY. —Snt[115] James Squart[116]. ¿No caen ustedes? El Asilo de Reina Elisabeth. Muy decente. Ya digo, mejor que aquí una casa de tres pesetas. Por la mañana té con leche, pan untado de mantequilla. El azúcar algo escaso. Después, en la comida, un potaje de carne. Alguna vez arenques. Queso, té... Yo solía pedir un boc de cerveza, y me costaba diez céntimos. Todo muy limpio. Jabón y agua caliente para lavatorios, sin tasa.

ZARATUSTRA.—Es verdad que se lavan mucho los ingleses. Lo tengo advertido. Por aquí entran algunos, y se les ve muy refregados. Gente de otros países, que no siente el frío, como nosotros los naturales de España.

DON LATINO. —Lo dicho. Me traslado a Inglaterra. ¿Don

---

114 Sufragistas, así se llamaban a las personas que en Inglaterra pedían y se manifestaban a favor de la concesión del voto femenino. Nótese el machismo de Zaratustra llamando «marimachos», a las sufragistas, y corregido por don Gay. Precisamente, las mujeres británicas obtuvieron el derecho al voto el 6 de febrero de 1918, al tiempo que ya estaría Valle-Inclán, escribiendo, o pensando en escribir, *Luces de bohemia*; las españolas lo conseguiría en octubre 1931 ya con la II República.
115 *St.*
116 *Square*

Gay, cómo no te has quedado tú en ese Paraíso?
Don Gay. —Porque soy reumático, y me hace falta el sol de España.
Zaratustra.—Nuestro sol, es la envidia de los extranjeros.
Max. —¿Qué sería de este corral nublado? ¿Qué seríamos los españoles? Acaso más tristes y menos coléricos... Quizá un poco más tontos... Aunque no lo creo.

(Asoma la chica de una portera.-Trenza en perico, caídas calcetas, cara de hambre.)

La Chica. —¿Ha salido esta semana, entrega d'El Hijo de la Difunta?
Zaratustra.—Se está repartiendo.
La Chica. —¿Sabe usted, si al fin se casa Alfredo?
Don Gay. —¿Tú qué deseas, pimpollo?[117]
La Chica. —A mí plin[118]. Es Doña Loreta la del coronel, quien lo pregunta.
Zaratustra.—Niña, dile a esa señora, que es un secreto lo que hacen los personajes de las novelas. Sobre todo en punto de muertes y casamientos.

---

117 Jovenzuela.
118 A mí plin, no me importa nada. Con tal expresión y lo de «pimpollo», nos adentramos en el lenguaje popular, madrileño, de la calle, tan usado en zarzuelas y sainetes, y que tanto irrumpe en el esperpento, comenzando en la próxima escena de la taberna, y con lo que aquellos géneros teatrales, tan populares, tienen de trasfondo de *Luces de bohemia*, obra que, por su hondura y complejidad, al contrario de aquellas de tanto éxito, se consideraba irrepresentable. Hay en esta Escena, desde la primera acotación, un rechazo, y burla de las novelas por entregas de la literatura comercial, tan populares desde mediados del siglo XIX. Fueron *modus vivendi* de los escritores bohemios. Resaltando esto, Don Latino carga con una carpeta de ellas a lo largo de toda la pieza. Recordemos de que, en ocasiones, el propio Valle-Inclán cayó en escribirlas. Sobre el tema, Alonso Zamora Vicente publicó un libro, *Valle-Inclán, novelista por entregas*. 1973.

Max. —Zaratustra, ándate con cuidado que te lo van a preguntar de Real Orden.
Zaratustra. —Estaría bueno que se divulgase el misterio. Pues no habría novela[119].

(Escapa la chica salvando los charcos con sus patas de caña. El Peregrino Ilusionado, en un rincón conferencia con Zaratustra. Máximo Estrella y Don Latino, se orientan a la taberna de Pica Lagartos, que tiene su clásico laurel[120] en la calle de la Montera[121].)

---

119   Concluye la Escena de la Librería como ya se anunciaba en la primera acotación, con la burla y el rechazo de las novelas por entrega y, por extensión, de la literatura comercial. Recordemos cómo, y ya llegando a la segunda mitad del siglo XIX, en la sociedad burguesa, con el uso en la prensa periódica integrando el folletín con sus novelas de entrega, la literatura pasa a convertirse en mercancía. Centrado en París, y algo que pronto se impuso en Madrid, Walter Benjamin se extendió sobre ello en *Poesía y capitalismo, Iluminaciones II* (39-47). Concluía, relacionando la venta, por parte del literato, de su mercancía literaria para poder vivir con la de la prostituta de su cuerpo, de lo que trató Baudelaire en su soneto «La muse vénale»; musa de nuestros bohemios, como cantara Manuel Machado en «Antífona», poema que termina: « ... ¡Ven tu conmigo, reina de la hermosura: hetairas y poetas somos hermanos!».

120   Muchas tabernas se anunciaban poniendo encima de la puerta el cartel «El Laurel de Baco». Esta mención del laurel, nos lleva a la frase que le dijera Zaratustra a Max, «respete sus laureles», frase que podría tener un doble sentido alusivo a su fama de escritor y, también, a la de ir a las tabernas a emborracharse. Tal «laurel», reaparece en unos versos, especie de «testamento» burlón del último Valle-Inclán, aludiendo a los malos reporteros, con referencia a uno que le preguntó que «cuando iba a diñar», morir. Poema, enviado en carta a Pérez de Ayala (04-02-1933): « ... Le dejo al tabernero de la esquina / para adornar su puerta, mi laurel ... ».

121   La cual, baja hacia la Puerta del Sol; calle muy frecuentada por los bohemios por sus tabernas y yendo a su centro principal de reunión la Puerta del Sol. Además, en dicha calle, ya en 1877, Nicolás Fernández Moratín, en *El arte de las putas*, escribía de la presencia de prostitutas: « ... y en la calle también de la Montera / al son de los chasquidos de los coches / se enfalda la salada Calesera ... ». Contamos con ediciones recientes del libro, 2012 y 2017.

Escena Tercera

(LA TABERNA DE PICA LAGARTOS[122]*: Luz de acetileno: Mostrador de cinc: Zaguán obscuro con mesas y banquillos: Jugadores de mús: Borrosos diálogos.-Máximo Estrella y Don Latino de Hispalis, sombras en las sombras de un rincón, se regalan con sendos quinces de morapio*[123]*.)*

---

[122] La taberna, nuevo topo, o lugar, y cronótopo de la vida y la literatura de los bohemios y tan presente en sus poemas, narraciones y juguetes cómicos. El bohemio Joaquín Dicenta la llevó a la escena en *Juan José*, una de las obras dramáticas más representadas y de mayor éxito de público de toda la historia del teatro español. La guardilla y la taberna son dos topos de los bohemios, contrapuestos a la «casa-estuche» y la oficina de los burgueses, y junto a su vestir harapiento frente al de etiqueta del burgués.

Podemos ver en esta escena, donde plasma un tan logrado uso del lenguaje popular madrileño, un homenaje a aquellos juguetes cómicos y sainetes, tan en boga y desde la segunda mitad del siglo XIX, cultivados por los bohemios, con aclamación popular. Precisamente, poco antes de la primera publicación de *Luces de bohemia,* y por las fechas en que escribiera, el tan famoso Carlos Arniches, en 1917, dio a la estampa su *Del Madrid castizo;* en 1918, *Sainetes,* recogiendo cuatro del libro anterior, y, en 1919, la segunda edición de *Del Madrid castizo,* donde tanto late ese castizo hablar madrileño del esperpento y con los propios añadidos de Valle-Inclán. Sobre las relaciones de los esperpentos con tales obras del género chico, se extiende Alonso Zamora en «En torno a *Luces de bohemia»*, *Ramón de Valle-Inclán. El escritor y la crítica*. 310-336.

[123] Vasos de vino tinto de a quince céntimos. Ese «regalarse» con vino es fundamental en la vida y en la literatura bohemia, tan abundantes en cantos al vino. Cito, por lo que se asemejan a lo que están bebiendo y sintiendo Max Estrella y Don Latino, unos versos de principio y finales del poema «¡Vino!», en el celebrado poemario *Nieblas*, del bohemio Manuel Paso «LLENA DE VINO EL VASO! y en loca contradanza / que bailen mientras tanto la pena y el placer ... ¡Llena de vino el vaso! Deja que me maree, / y así seré el fantasma que llora, ama y cree, / ¡borracho impenitente que aun busca un ideal!», recogido en *Poesía bohemia española* 200.

El Chico de la Taberna. —Don Max, ha venido buscándole la Marquesa del Tango.
Un Borracho. —¡Miau![124]
Max. —No conozco a esa dama.
El Chico de la Taberna. —Enriqueta la Pisa-Bien.
Don Latino. —¿Y desde cuándo titula esa golfa?
El Chico de la Taberna. —Desque heredó del finado difunto[125] de su papá, que entodavía vive.
Don Latino. —¡Mala sombra!
Max. —¿Ha dicho si volvería?
El Chico de la Taberna. —Entró, miró, preguntó[126] y se fué rebotada, torciendo la gaita[127]. ¡Ya la tiene usted en la puerta!

(Enriqueta la Pisa Bien, una mozuela golfa, revenida de un ojo, periodista y florista[128], levantaba el cortinillo de verde sarga[129], sobre su endrina[130] cabeza, adornada de peines gitanos.)

---

124 ¡Miau!, irónica negación burlesca del lenguaje popular madrileño, repetida en la pieza, y como expresión de desconfianza. Nótese las otras dos expresiones de dicho lenguaje de la calle en el habla del chico de la taberna: «desque» y «entodavía».

125 El finado difunto, redichismo, tan presente en el lenguaje popular madrileño; en este caso, repitiendo dos palabras cultas para un mismo significado: el muerto.

126 Se vale aquí de un asíndeton alusivo al dicho por César al Senado romano: «Veni, vini, vici».

127 «Gaita», pescuezo, aunque en el lenguaje madrileño también se usa por «cara», como parece darse en este caso, y, asimismo, como cosa molesta, «Esto es una gaita».

128 Expresión burlona de decir que es vendedora de periódicos y de flores.

129 Sarga, tela de lana, con líneas diagonales, usada como decoración.

130 Endrina, alusivo al color negro, azulado, de su pelo, parecido al de la endrina, fruto del endrino, ciruelo silvestre.

La Pisa Bien. —¡La vara de nardos! ¡La vara de nardos! Don Max, traigo para usted un memorial de mi mamá: Está enferma y necesita la luz[131] del décimo que le ha fiado.
Max. —Le devuelves el décimo y le dices que se vaya al infierno.
La Pisa Bien. —De su parte, caballero. ¿Manda usted algo más?

(El ciego saca una vieja cartera, y tanteando los papeles con aire vago, extrae el décimo de la lotería y lo arroja sobre la mesa: Queda abierto entre los vasos de vino, mostrando el número bajo el parpadeo azul del acetileno. La Pisa-Bien se apresura a echarle la zarpa[132].)

Don Latino. —¡Ese número sale premiado![133]
La Pisa Bien. —Don Max, desprecia el dinero.
El Chico de la Taberna. —No le deje usted irse, Don Max.
Max. —Niño, yo hago lo que me da la gana. Pídele para mí la petaca[134] al amo.
El Chico de la Taberna. —Don Max, es un capicúa de sietes y cincos.

---

131   El dinero de lo que cuesta el décimo.
132   La mano.
133   El tema del décimo premiado, aunque al final resultó que no lo fuera, aparecía en el juguete cómico del histórico bohemio Pelayo del Castillo, *El que nace para ochavo*, de tanto éxito cuando se estrenó en 1867. Contamos con una reciente edición. Está inspirado en el refrán «El que nace para ochavo no llega a cuarto», monedas antiguas de la que el cuarto valía menos que el ochavo, y alusivo al destino de tantos de los que «nacieron» bohemios
134   Petaca, botella de bolsillo, ancha y plana, que sirve para llevar bebidas alcohólicas (DRAE).

La Pisa Bien. —¡Que tiene premio, no falla! Pero es menester apoquinar tres melopeas[135], y este caballero está afónico[136]. Caballero, me retiro saludándole. Si quiere usted un nardo, se lo regalo.
Max. —Estáte[137] ahí.
La Pisa Bien. —Me espera un cabrito viudo[138].
Max. —Que se aguante. Niño, ve a colgarme la capa[139].
La Pisa Bien. —Por esa pañosa no dan ni los buenos días. Pídale usted las tres beatas[140] a Pica Lagartos.
El Chico de la Taberna. —Si usted le da coba, las tiene en la mano. Dice que es usted segundo Castelar[141].
Max. —Dobla la capa, y ahueca[142].
El Chico de la Taberna. —¿Qué pido?
Max. —Toma lo que quieran darte.

---

135 Dar, entregar tres pesetas.
136 Afónico, sin dinero.
137 *Estate.
138 No me espera nadie o hago lo que me da la gana, otra de las expresiones de la castiza «marquesa del tango». La desenvuelta Enriqueta, La Pisa Bien, es un prototipo de las hembras castizas de sainetes y zarzuelas, con el antecedente de las «majas» madrileñas del siglo XVIII. Veamos el ejemplo de una de ellas de en *La boda de Cayetana o una tarde en Amaniel*, de Ángel Torres del Álamo y Antonio Asenjo (1915): «Yo he nacido en Ministriles, / bautizada en Maravillas, / me he criado en Cabestreros, / y me he *educao* en las Vistillas. / Y por eso, como véis, / yo soy una madrileña / de la cabeza a los pies» (*La sociedad madrileña durante la Restauración 1876 1931*, Vol II. 146).
139 A llevarla a la casa de empeño. Esto de ir a ella, es una constante de la vida y la literatura de los bohemios, dándose el caso de hasta llevar a empeñar una merluza «guindada», robada, de una pescadería, como hemos leído en un par de ocasiones.
140 Tres pesetas.
141 Emilio Castelar (1832-1899), fue el último Presidente de la Primera República Española, y, posteriormente muy destacado en la vida política frente a la Restauración; sobresalió como un gran orador y,por ello, tuvo gran fama popular en España y en países de Hispanoamérica. Por su elocuencia, el avispado chico de la taberna relaciona a Max Estrella con él.
142 Sal disparado, volando.

La Pisa Bien. —¡Si no la reciben!
Don Latino. —Calla, mala sombra.
Max. —Niño, huye veloz.
El Chico de la Taberna. —Como la corza herida[143], Don Max.
Max. —Eres un clásico.
La Pisa Bien. —Si no te admiten la prenda, dices que es de un poeta.
Don Latino. —El primer poeta de España.
El Borracho —¡Cráneo previlegiado[144]!
Max. —Yo nunca tuve talento. ¡He vivido siempre de un modo absurdo[145]!
Don Latino. —No has tenido el talento de saber vivir.
Max. —Mañana me muero, y mi mujer y mi hija se quedan haciendo cruces en la boca[146].

---

143 La corza herida, imagen muy repetida en poesía española por siglos -recordemos «el ciervo vulnerado» del *Cántico espiritual*, de Juan de la Cruz-, y hasta el punto, como tantas imágenes o frases de nuestra literatura, de ir a dar a la lengua popular. Este chico de la taberna tiene sus pespuntes cultos, según lo estamos viendo con sus decires. De ahí, que Max Estrella le diga: «Eres un clásico».

144 Cráneo previlegiado, en lugar de «privilegiado» Otro uso del lenguaje popular madrileño: el decir palabras cultas, pronunciadas erróneamente.

145 En la auto-crítica que se hace Max a lo largo de la obra, late un eco de aquellas palabras que Alejandro Sawa dijera sobre sí mismo en *Iluminaciones en la sombra*: «Yo soy el otro; quiero decir, alguien que no soy yo mismo ... Yo soy por dentro un hombre radicalmente distinto a como quisiera ser y, por fuera, en mi vida de relación, en mis manifestaciones externas, la caricatura, no siempre gallarda, de mí mismo ... Con frecuencia mis oraciones íntimas ... al salir de mi boca, revientan con estruendo»; algo de esto, podría decir de sí mismo Valle-Inclán.

146 Hacer cruces con la boca, Alonso Zamora Vicente en su Glosario especifica que significa «no comer», no haber comido», y añade: «La frase se solía acentuar haciendo la señal de la cruz sobre la boca al bostezar».

(Tosió cavernoso, con las barbas estremecidas, y en los ojos ciegos un vidriado triste, de alcohol y de fiebre.)

Don Latino. —No has debido quedarte sin capa.
La Pisa Bien. —Y ese trasto ya no parece. Siquiera, convide usted, Don Max.
Max. —Tome usted lo que guste, Marquesa.
La Pisa Bien. —Una copa de Rute[147].
Don Latino. —Es la bebida elegante.
La Pisa Bien. —¡Ay! Don Latino, por algo es una la morganática[148] del Rey de Portugal. Don Max, no puedo detenerme, que mi esposo me hace señas desde la acera.
Max. —Invítale a pasar.

(Un golfo largo y astroso, que vende periódicos, ríe asomado a la puerta, y como perro que se espulga, se sacude con jaleo de hombros, la cara en una gran risa de viruelas. Es el Rey de Portugal, que hace las bellaquerías[149] con Enriqueta la Pisa-Bien, Marquesa del Tango.)

---

147 Aguardiente de alto grado de alcohol de Rute, pueblo de Córdoba, reconocido por tales licores.

148 Morganática, referido al «matrimonio morganático o de mano izquierda» (Porque en la ceremonia el esposo daba a la esposa esa mano), el contraído por un príncipe y una mujer de linaje inferior, en el cual cada cónyuge conservaba su condición anterior. Nótese la burla de La Pisa Bien, cuando vemos la condición de su «consorte», un vulgar «coime», mozo de Bar, y, en su caso, vendedor de periódicos. Era bastante común en el habla castiza el intercalar palabras cultas, para darse «pisto» o importancia quien hablaba.

149 Bellaquerías, alusivo a manoseos y acciones sexuales, con tal uso ya lo leíamos, y con la gran originalidad de ser en la voz de un niño, en el famosísimo romancillo «Hermana Marica» de Góngora: «Bartola, / la hija / de la panadera / la que suele darme / tortas con manteca / porque algunas veces / hacemos yo y ella / las bellaquerías / detrás de la puerta». Paco Ibañez puso el romancillo en una de sus canciones. Se puede oír en *YouTube*. Nótese la relación en Valle-Inclán, en *La pipa de kif* y en los

La Pisa Bien. —¡Pasa, Manolo!
El Rey de Portugal. —Sal tú fuera.
La Pisa Bien. —¿Es que temes perder la corona? ¡Entra de incógnito, so pelma!
El Rey de Portugal. —Enriqueta, a ver si te despeino.
La Pisa Bien. —¡Filfa[150]!
El Rey de Portugal. —¡Consideren ustedes que me llama Rey de Portugal, para significar que no valgo un chavo! Argumentos de esta golfa desde que fue a Lisboa, y se ha enterado del valor de la moneda. Yo, para servir a ustedes, soy Gorito, y no está medio bien que mi morganática me señale por el alias.
La Pisa Bien. —¡Calla, chalado!
El Rey de Portugal. —¿Te caminas?
La Pisa Bien. —Aguarda que me beba una copa de Rute. Don Max me la paga.
El Rey de Portugal. —¿Y qué tienes que ver con ese poeta?
La Pisa Bien. —Colaboramos.
El Rey de Portugal. —Pues despacha.
La Pisa Bien. —En cuanto me la mida Pica Lagartos.
Pica Lagartos. —¿Qué has dicho tú, sogolfa[151]?
La Pisa Bien. —¡Perdona, rico!
Pica Lagartos. —Venancio me llamo.

---

esperpentos, con el Góngora de los romances y romancillos, y, también, y desde las Sonatas hasta esta nueva fase, con el «preciosismo» gongorista, aunque cuando los del 27 celebraron el Homenaje del Centenario a Góngora, Valle-Inclán, dentro de su nueva estética y ética social, estuvo en descuerdo e hizo algunas despectivas declaraciones sobre Góngora. Al igual que el joven Buñuel, quien escribió un guión para hacer su película sobre Goya, lo que él proponía era la celebración del Homenaje al centenario de Goya, tan presente en los esperpentos, en 1928.

150 Filfa, falso, mentira.
151 *so golfa*

La Pisa Bien. —¡Tienes un nombre de novela! Anda, mídeme una copa de Rute, y dale a mi esposo un vaso de agua, que está muy acalorado.

Max. —Venancio, no vuelvas a compararme con Castelar. ¡Castelar era un idiota! Dame otro quince.

Don Latino. —Me adhiero a lo del quince y a lo de Castelar.

Pica Lagartos. —Son ustedes unos doctrinarios. Castelar representa una gloria nacional de España. Ustedes acaso no sepan que mi padre lo sacaba diputado.

La Pisa Bien. —¡Hay que ver!

Pica Lagartos. —Mi padre era el barbero de Don Manuel Camo. ¡Una gloria nacional de Huesca![152]

El Borracho —¡Cráneo previlegiado!

Pica Lagartos. —Cállate la boca, Zacarías.

El Borracho —¡Acaso falto!

Pica Lagartos. —¡Pudieras!

El Borracho —Tiene mucha educación servidorcito.

La Pisa Bien. —¡Como que ha salido usted del Colegio de los Escolapios! ¡Se educó usted con mi papá!

El Borracho —¿Quién es tu papá?

La Pisa Bien. —Un diputado.

El Borracho —Yo he recibido educación en el extranjero.

La Pisa Bien. —¿Viaja usted de incógnito? ¿Por un casual, será usted Don Jaime?[153]

---

[152] Con lo de tal «gloria», sigue el ataque irónico, iniciado con el de a Castelar, de la política de la Restauración de a fines del Siglo XIX, Manuel Cano, diputado por Huesca, de 1881 a 1898!, quien en sus inicios estuvo relacionado con Castelar y su partido republicano posibilista, en lugar de «Una gloria nacional», ha pasado a la historia vinculado a una política de fraudes y caciquismo

[153] Jaime de Borbón y Parma (1870-1931), pretendiente, por la rama carlista, al trono, a cuya causa había adherido Valle-Inclán, aunque aquí, dentro de su nueva posición política, se le cita con una cierta expresión burlona.

El Borracho —¡Me has sacado por la fotografía!

La Pisa Bien. —¡Naturaca[154]! ¿Y va usted sin una flor en la solapa?

El Borracho —Ven tú a ponérmela.

La Pisa Bien. —Se la pongo a usted y le obsequio con ella.

El Rey de Portugal. —¡Hay que ser caballero, Zacarías! ¡Y hay que mirarse mucho, soleche[155], antes de meter mano! La Enriqueta es cosa mía.

La Pisa Bien. —¡Calla, bocón!

El Rey de Portugal. —¡Soleche[156], no seas tú provocativa!

La Pisa Bien. —No introduzcas tú la pata, pelmazo.

(El chico de la taberna entra con azorado sofoco, atado a la frente un pañuelo con roeles de sangre. Una ráfaga de emoción mueve caras y actitudes, todas las figuras en su diversidad, pautan una misma norma.)

El Chico de la Taberna. —¡Hay carreras por las calles!

El Rey de Portugal. —¡Viva la huelga de proletarios!

El Borracho —¡Chócala! Anoche lo hemos decidido por votación en la Casa del Pueblo[157].

---

154 Por «naturalmente».

155 *so leche*, impertinente. Soleche es el nombre de uno de los personajes de la zarzuela *Golfemia*.

156 * So leche*

157 Como ya señalé en la Introducción, esta huelga, y la conflictividad social que se vive en las calles de Madrid en *Luces de bohemia* se relaciona con la de la fábrica de galletas, La Fortuna, iniciada a principios de abril, y extendida, en días siguientes, a otros sindicatos de la rama de alimentos. La huelga concluyó a fines de mayo, con algunas mejoras para los obreros, principalmente mujeres obreras. Como indica el borracho, militante socialista, y con su alusión a la Casa del Pueblo, tenía una fuerte impronta socialista.

La Pisa Bien. —¡Crispín, te alcanzó un cate![158]
El Chico de la Taberna. —¡Un marica de la Acción Ciudadana![159]
Pica Lagartos. —¡Niño, sé bien hablado! El propio republicanismo reconoce que la propiedad es sagrada. La Acción Ciudadana está integrada por patronos de todas circunstancias, y por los miembros varones de sus familias. ¡Hay que saber lo que se dice[160]!

(Grupos vocingleros corren por el centro de la calle, con banderas enarboladas. Entran en la taberna obreros golfantes -blusa, bufanda y alpargata,- y mujeronas encendidas, de arañada greña.)

El Rey de Portugal. —¡Enriqueta, me hierve la sangre! Si tú no sientes la política, puedes quedarte.
La Pisa Bien. —So pelma, yo te sigo a todas partes. ¡Enfermera Honoraria de la Cruz Colorada![161]
Pica Lagartos. —¡Chico, baja el cierre! Se invita a salir, al que quiera jaleo.

---

158 Un golpe.
159 La Unión o Acción Ciudadana, como ya indiqué en la Introducción, era una patronal milicia «guardia cívica» rompehuelgas, se fundó, en 1919, frente a las reivindicaciones obreras, y contó con jóvenes de las juventudes mauristas y del catolicismo social, muchos de ellos armados con pistolas, anticipando ya el fascismo y el falangismo. De hecho, hicieron a Benito Mussolini miembro honorario.
160 Muy a propósito, Fernando del Rey Reguillo, en homenaje al Valle-Inclán, quien estuviera tan al tanto de los acontecimientos sociales del momento, encabeza con este parlamento de Pica Lagartos su estudio y ensayo «La defensa burguesa frente al obrerismo en Madrid. La Unión Ciudadana (1919-1923)». Dentro del dialogismo de la pieza, destaca este intercambio verbal, con posiciones distintas entre el chico de la taberna, y el tabernero. Asimismo, vemos que los personajes de la clase baja están a favor de la huelga y huelguistas.
161 La benemérita Cruz Roja se fundó en 1863, con sede en Ginebra, en España se estableció en 1864.

(La florista y el coime salen empujándose, revuueltos[162] *con otros parroquianos. Corren por la calle tropeles de obreros. Resuena el golpe de muchos cierres metálicos.)*

El Borracho —¡Vivan los héroes del Dos de Mayo!
Don Latino. —¡Niño, qué dinero te han dado?
El Chico de la Taberna. —¡Nueve pesetas!
Max. —Cóbrate, Venancio. ¡Y tú, trae el décimo, Marquesa!
Don Latino. —¡Voló esa pájara!
Max. —¡Se lleva el sueño de mi fortuna! ¿Dónde daríamos con esa golfa?
Pica Lagartos. —Esa ya no se aparta del tumulto.
El Chico de la Taberna. —Recala en la Modernista.
Max. —Latino, préstame tus ojos para buscar a la Marquesa del Tango.
Don Latino. —Max, dame la mano.
El Borracho —¡Cráneo previlegiado!
Una Voz. —¡Mueran los maricas de la Acción Ciudadana! ¡Abajo los ladrones![163]

---

162 *revueltos*
163 Frase que no aparecía o había sido borrada en la versión de 1920, posiblemente dado el apoyo gubernamental a tal Organización para-policial, y quizás para no enconar más, públicamente, el desatado conflicto social tan intenso que se vivía.

Escena Cuarta

(NOCHE. Máximo Estrella y Don Latino de Hispalis, tambalean asidos del brazo, por una calle enarenada y solitaria. Faroles rotos, cerradas todas, ventanas y puertas. En la llama de los faroles un igual temblor verde y macilento. La luna sobre el alero de las casas, partiendo la calle por medio. De tarde en tarde el asfalto sonoro. Un trote épico. Sóldados[164] *Romanos. Sombras de Guardias.-Se extingue el eco de la patrulla. La Buñolería Modernista entreabre su puerta, y una banda de luz parte la acera. Max y Don Latino, borrachos lunáticos, filósofos peripatéticos*[165]*, bajo la línea luminosa de los faroles, caminan y tambalean.)*

Max. —¿Dónde estamos?
Don Latino. —Esta calle no tiene letrero.
Max. —Yo voy pisando vidrios rotos[166].
Don Latino. —No ha hecho mala cachiza el honrado pueblo.

---

164 *Soldados*. En el habla popular madrileña se llamaban «soldados romanos» a un cuerpo de policía municipal fundado por el conde de Romanones, siendo alcalde de Madrid, en 1884 y en 1897-1899.

165 En el deambular de Max Estrella, sentimos la proyección del autor de quien Antonio Machado en el prólogo a *La corte de los milagros* (1938), escribió: «Era un andarín infatigable y sus conversaciones peripatéticas por el heroico Madrid nos cansaba, y no ciertamente por sus palabras, sino por el infatigable vigor de sus flacas piernas».

166 Calle enarenada, vidrios rotos, señales que anuncian el conflicto social que envuelve a esta Escena, y sobre el cual Max Estrella, frente a la tibieza de su Lazarillo, irá expresando una conciencia de solidaridad con la clase trabajadora, reflejo de la del autor cuando escribe los esperpentos. En los disturbios, se echaba arena en las calles para que no resbalaran los cascos de los caballos de los guardias.

Max. —¿Qué rumbo consagramos?
Don Latino. —Déjate guiar.
Max. —Condúceme a casa.
Don Latino. —Tenemos abierta La Buñolería Modernista.
Max. —De rodar y beber estoy muerto.
Don Latino. —Un café de recuelo[167] te integra.
Max. —Hace frío, Latino.
Don Latino. —¡Corre un cierto gris!...
Max. —Préstame tu macferlán[168].
Don Latino. —¡Te ha dado el delirio poético!
Max. —¡Me quedé sin capa, sin dinero y sin lotería!
Don Latino. —Aquí hacemos la captura de la niña Pisa Bien.

(La Niña Pisa Bien, despintada, pingona, marchita, se materializa bajo un farol con su pregón de golfa madrileña.)[169]

La Pisa Bien. —¡5775! ¡El número de la suerte! ¡Mañana sale! ¡Lo vendo! ¡Lo vendo! ¡5775[170]!
Don Latino. —¡Acudes al reclamo!
La Pisa Bien. —Y le convido a usted a un café de recuelo.
Don Latino. —Gracias, preciosidad.
La Pisa Bien. —Y a Don Max, a lo que guste. ¡Ya nos

---

167   Un café de segundo cocimiento.
168   Macferlán, abrigo sin mangas y con aberturas en los costados para los brazos, y una esclavina, o capa corta cubriendo los hombros.
169   Los tres adjetivos seguidos, algo tan del estilo de Valle-Inclán y esperpetizando, en esta ocasión, a la castiza «niña» Pisa Bien.
170   Número capicúa, y con su alusión simbólica a la estructura circular de la pieza.

ajuntamos los tres tristes trogloditas![171] Don Max, yo por usted hago la jarra[172], y muy honrada.

MAX. —Dame el décimo y vete al infierno.

LA PISA BIEN. —Don Max, por adelantado decláreme usted en secreto si cameló[173] las tres beatas y si las lleva en el portamonedas.

MAX. —¡Pareces hermana de Romanones![174]

LA PISA BIEN. —¡Quién tuviera los miles de ese pirante[175]!

DON LATINO. —¡Con sólo la renta de un día, yo me contentaba!

MAX. —La Revolución es aquí tan fatal como en Rusia[176].

DON LATINO. —¡Nos moriremos sin verla!

MAX. —Pues viviremos muy poco.

LA PISA BIEN. —¿Ustedes bajaron hasta la Cibeles? Allí ha sido la faena entre los manifestantes, y los Polis Honorarios. A alguno le hemos dado mulé[177].

---

171   Tres tristes trogloditas, otro ejemplo de una frase culta, usada por el género chico, y llevada al lenguaje de la calle. En este caso, provenía de *Tres tristes trogloditas,* «trastada cómico-lírica en un acto» de Enrique López Marín y Enrique Angulo (1890), que gozara de gran popularidad. Por otra parte el uso de «troglodita», habitante de las cuevas alude, simbólicamente, al descenso a la cueva del deambular callejero de Max y Don Latino.

172   Hago la jarra, pago yo, expresión que alude al gesto de doblar el brazo hacia el bolsillo y como referencia al asa de una jarra.

173   Logró, obtuvo

174   El conde de Romanones (1863-1950), gran capitalista y líder del Partido Liberal, presidió varios Gobiernos entre 1912 y 1919. Dada su gran riqueza, en el lenguaje coloquial cuando se decía que uno era muy rico, se le llamaba «un Romanones»

175   Pirante, golfante, bribón. Curioso, aunque dentro de las tensiones entre las clases sociales, el que esta «hija del pueblo», con orgullo ancestral de clase, rebaje al encumbrado capitalista a un nivel de golfo.

176   Como apunto en la nota 97, tal frase de Max Estrella coincide con lo que Valle-Inclán decía y sentía por las fechas que escribe y publica la pieza; frase que encuentra su contrapunto en las respuestas y comentarios de Don Latino, dentro de un juego dialéctico de opiniones contrarias, tan presente, y generalizado, en la pieza teatral y, asimismo, en el propio pensamiento de Valle-Inclán.

177   Enriqueta, La Pisa Bien, aparece, ahora, como militante y unida

Don Latino. —Todos los amarillos[178] debían ser arrastrados.

La Pisa Bien. —¡Conforme! Y aquel momento que usted no tenga ocupaciones urgentes, nos ponemos a ello, Don Latino.

Max. —Dame ese capicúa, Enriqueta.

La Pisa Bien. —Venga el parné[179], y tenga usted su suerte.

Max. —La propina, cuando cobre el premio.

La Pisa Bien. —¡No mira eso la Enriqueta!

(La Buñolería entreabre su puerta, y del antro apestoso de aceite van saliendo deshilados, uno a uno, en fila india, los Epígonos del Parnaso Modernista: Rafael de los Vélez, Dorio de Gadex, Lucio Vero, Mínguez, Gálvez, Clarinito y Pérez.-Unos son largos, tristes y flacos, otros vivaces, chaparros y carillenos. Dorio de Gadex jovial como un trasgo[180], irónico como un ateniense, ceceoso como un cañí, mima su saludo versallesco y grotesco.)[181]

---

a las obreras, en lo que tienen ésta y otras Escenas, anteriores y posteriores de teatralización del enfrentamiento de las y los huelguistas con los «Polis Honorarios» de la Acción Ciudadana, según se les llamaba y por su vinculación, no remunerada, a la represión policiaca gubernamental; «le hemos dado mulé», alude a haber matado. Trato más sobre ello en la Escena 7.

178 Se refiere a los esquiroles rompehuelgas. Ahora, Don Latino sí se expresa afín a Max Estrella, y a las-os huelguistas.

179 El parné, el dinero, en el madrileñismo achulado.

180 Trasgo, duende, espíritu fantasioso y –también- niño vivo y enredador (DRAE)

181 Hay, en la Escena, una cierta parodia del Modernismo, comenzado con el nombre de la Buñolería y el asignar a este grupo de bohemios de «Epígonos del Parnaso Modernista»; un «parnaso» ya pasado a la historia cuando se escribe la pieza. Tal grupo, como ya apunté, lo podemos asociar mejor con el de los bohemios que aparecen en la paródica *La Golfemia* (1900), de Salvador María Granes. En alguna de las representaciones teatrales actua-

Dorio de Gadex. —¡Padre y Maestro Mágico, salud![182]

---

les, se les hace ver como un grupo de «pasotas» o «raperos». Al igual que en la *Golfemia,* forman un coro musical, en su caso, en torno a Max Estrella y a todo lo de su detención, encarcelamiento y liberación. Se personifican, y con sus propios nombres, a dos de los más sonados bohemios de la tercera promoción: Dorio de Gádex y Pedro Luis de Gálvez, aunque éste, tan pintoresco y renombrado, no interviene en la acción. Dado las fechas, también el grupo tienen alguna semejanza con los ultraístas, por el carácter de rebeldía y provocación, y con quienes alternaron varios bohemios de aquel entonces, tales como el citado Pedro Luis de Gálvez, tan vinculado al ultraísmo sevillano, Bacarisse y Xavier Bóveda, más algún otro de los que se reunían con Cansinos-Asséns, promotor del Ultraísmo en su tertulia en el Colonial.

182 Siguiendo con la literatización, el saludo es el del verso de Rubén Darío en «Responso a Verlaine», de *Prosas profanas* Ya señalé en la Introducción que Dorio de Gádex (Antonio Rey Moliné) era un culto gaditano literato bohemio, muy admirador de Valle-Inclán. Falleció en 1924, para seguir renaciendo en *Luces de bohemia.* Aunque Valle-Inclán lo presenta, con su tanto de personaje fantasmal, y dentro de la parodia de aquel grupo de bohemios, Dorio de Gádex, y muy en especial en las representaciones teatrales, resulta un personaje muy desenvuelto, y haciendo gala de un provocador ingenio y de un humor negro, causando muchas risas entre los espectadores de la pieza; a ello aluden ya los nombres y adjetivos de su descripción en la acotación.

Resulta penoso, no obstante, saber que mientras Valle-Inclán, en 1920 y en 1924, hacia esta parodia de Dorio de Gádex, Antonio Rey Moliné vivía en la absoluta pobreza, al no poder publicar sus escritos al igual que Max Estrella; con su mujer, María Plaza Miranda, sirviendo de asistenta, criada o vendedora ambulante, y tres hijos. Falleció de una infección pulmonar el 24 de septiembre de 1924. Nos consolamos con lo que la parodia tiene, también, de homenaje, y viendo a Dorio de Gádez tan «vivo» en *Luces de bohemia.* Sobre él, rescatándolo del olvido, Juan Manuel González Martel ha escrito un muy original ensayo «A la atención de don Ramón del Valle-Inclán, de s.s.s «Dorío de Gádez». Sin acuse de recibo entre las dos ediciones príncipes de *Luces de bohemia»,* donde, junto a datos de su vida y muerte, hace que Dorio de Gádez, en unas epístolas, conteste a Valle-Inclán sobre la vida y andanzas que le atribuye. De su velatorio, con el parecido al de Max Estrella, Juan Gonzáles Martel, escribe: «El velatorio fue en la misma madrugada. Con apenas algún que otro vecino en la calle del Amparo acompañaba el silencio de María, lágrimas por los recuerdos gratos, resignada porque los males de Antonio habían acabado, Pero, ¿y ellos?». Los hijos fueron internados en un centro de beneficencia (104-106). Igualmente, Madama Collet, posteriormente, en el velatorio de su marido, se consolaba: «No podía trabajar y descansa».

Max. —¡Salud, Don Dorio!

Dorio de Gadex. —¡Maestro, usted no ha temido el rebuzno libertario del honrado pueblo!

Max. —¡El épico rugido del mar! ¡Yo me siento pueblo[183]!

Dorio de Gadex. —¡Yo, no!

Max. —¡Porque eres un botarate[184]!

Dorio de Gadex. —¡Maestro, pongámonos el traje de luces de la cortesía! ¡Maestro, usted tampoco se siente pueblo. Usted es un poeta, y los poetas somos aristocracia[185]. Como dice Ibsen, las multitudes y las montañas se unen siempre por la base.

Max. —¡No me aburras con Ibsen[186]!

Pérez. —¿Se ha hecho usted crítico de teatros, Don Max?

---

183 Contundente afirmación, en la que también late la voz del Valle-Inclán de aquel entonces, y reiterando la tan sentida solidaridad con el pueblo de los más destacados bohemios históricos y desde la primera promoción, tales como Carlos Rubio y el grupo de «Gente Nueva», cuyos nombres destaco en la Introducción. Recordemos que el bohemio Rafael Delorme, de la segunda promoción, era un destacado ensayista socialista.

184 Botarate, sujeto de poco juicio y alborotador

185 Aunque se les llame «proletarios del arte», por compartir vida y sufrimientos con los de abajo, y por su marginación y las penosas condiciones de literatos, los bohemios se consideraban al margen de las clases sociales, aunque viéndose, y aun desde la miseria y en solidaridad con los abajo, como una aristocracia del espíritu, el arte y las letras. A tono con ello, Max no discute la afirmación de Dorio de Gadex, ya que él mismo personifica dicha aristocracia, como se revela en su talante, desplantes y voz altanera, declamatoria, pese a que se considere «pueblo», y en ocasiones, con su autocrítica, se sienta, moralmente, muy por debajo. y viéndose, dentro de la cultura del Establecimiento burgués, reducido a la miseria, a pesar de ser considerado , y sentirse, él también, como una «gloria» literaria.

186 Encontramos en esta frase una de esas proyecciones del propio Valle-Inclán sobre su personaje. Por las mismas fechas, hablando de sus gustos literarios, Rivas Cheriff afirmaba: «A Ibsen casi le detesta» *Artículos de teoría y crítica teatral*, 236. Tengamos presente, que el teatro expresionista rechazaba el de Ibsen.

Dorio de Gadex. —¡Calla, Pérez!
Don Latino. —Aquí solo hablan los genios.
Max. —Yo me siento pueblo. Yo había nacido para ser tribuno de la plebe, y me acanallé perpetrando traducciones y haciendo versos ¡Eso sí, mejores que los hacéis los modernistas!
Dorio de Gadex. —Maestro, preséntese usted a un sillón de la Academia.
Max. —No lo digas en burla, idiota. ¡Me sobran méritos! Pero esa prensa miserable me boicotea. Odian mi rebeldía y odian mi talento. Para medrar hay que ser agradador de todos los Segismundos[187]. ¡El Buey Apis me despide como a un criado! ¡La Academia me ignora! ¡Y soy el primer poeta de España! ¡El primero! ¡El primero! ¡Y ayuno! ¡Y no me humillo pidiendo limosna! ¡Y no me parte un rayo! ¡Yo soy el verdadero inmortal, y no esos cabrones del cotarro académico![188] ¡Muera Maura!
Los Modernistas. —¡Muera! ¡Muera! ¡Muera![189]

---

187 Otra literalizacion, frase tomada de *La vida es sueño*, de Calderón de la Barca, en boca del gracioso Clarín, respondiendo a Segismundo: «Soy un grande agradador / de todos los Segismundos». (Jornada II, Escena III); frase que podría hacer suya el nuevo gracioso Don Latino.

188 Durísima frase, omitida en algunas de las representaciones teatrales, pero que expresa el enconado enfrentamiento de Valle-Inclán, «el mejor escritor español», según declarara Antonio Machado en su Prólogo a *La corte de los milagros,* y la Real Academia Española, con el rencor de alguno de sus miembros, negándose a ingresarle en su seno. En estas, y tantas posteriores tiradas de Max Estrella, encontramos el tercer lenguaje de *Luces de bohemia,* que analiza Gonzalo Sobejano en el ensayo que vengo citando, el de la forma declamatoria, el cual corresponde a la elocuencia y al ethos.

189 Aunque Antonio Maura volviera a estar en los Gobiernos entre 1918 y 1922, en fechas en que se escribe y se publica *Luces de bohemia,* en consonancia con la concentración de distintos tiempos que se da en la pieza, el «Muera Maura», asimismo remite a los

CLARINITO.—Maestro, nosotros los jóvenes impondremos la candidatura de usted para un sillón de la Academia.
DORIO DE GADEX. —Precisamente ahora está vacante el sillón de Don Benito el Garbancero[190].
MAX. —Nombrarán al Sargento Basallo[191].
DORIO DE GADEX. —¿Maestro, usted conoce los Nuevos Gozos del Enano de la Venta?[192] ¡Un Jefe de Obra! Ayer de madrugada los cantamos en la Puerta del Sol. ¡El éxito de la temporada!

---

años de 1908 y 1909, cuando Maura era el jefe del Gobierno Conservador en el poder, y contra quien ya en 1908, se extendió el clamor nacional del «Maura, No». Tal clamor, llegó hasta hacerse internacional tras la «Semana trágica» de Barcelona, julio de 1909, y la brutal represión del gobierno, y con la escalada de la guerra de África y el fusilamiento del renombrado pedagogo anarquista, Francisco Ferrer, el 13 de octubre, cuya «Escuela Nueva», llegó hasta Nueva York, donde se fundaron dos de ellas. Tal represión y crímenes, llevaron al rey Alfonso XIII a cesar al gobierno de Maura, el 21 de octubre, y traer al poder a los liberales con Moret a la cabeza. En 1920, el grito «Muera Maura», ya apuntaba al total hundimiento del régimen de la Restauración. En 1920, Antonio Maura era Director de la Real Academia de la Lengua (lo fue desde diciembre de 1913 hasta su muerte el mismo mes en 1925), contra la cual, también, despotrica Max Estrella con ecos del propio Valle-Inclán, repito.

190 Un tanto desafortunado este mote dado al gran Benito Pérez Galdós, y a unos meses de su fallecimiento la noche del 4 de Enero de 1920. Claro que lo dice el deslenguado Dorio de Gádex y no Valle-Inclán quien, en diversas, ocasiones sí elogió a Galdós.

191 El sargento Basallo es una de las diversas sustituciones y adiciones que hizo el autor en la versión de 1924. Hecho prisionero en el desastre de Annual (1921), en la guerra africana, fue muy exaltado al ser rescatado en 1923, y con la publicación del relato de su cautiverio, popularizándose mucho la figura de tal militar. Valiéndose de ello, Valle-Inclán lanza su puya, y quizá sirviéndose, riéndose, de que la Real Academia Española, le diera a Basallo el Premio de la Virtud, en 1923, ¡Y de manos de Antonio Maura! En la versión de 1920, Max proponía el nombre de «Torcuato el Aceitero», alusivo a Torcuato Luca de Tena, fundador y director del conservador diario ABC.

192 El enano de la Venta era un personaje folclórico, como apunta Zamora Vicente en su Glosario, «se dice de los que prefieren frecuentemente bravatas o jactancias». Manuel Palacio, de la primera promoción de los bohemios históricos, en su soneto, «El enano de la Venta», le moteja de fantasmón y arrogante, algo que encaja, asimismo, con la desenvoltura de este grupo de los llamados «Epígonos del Parnaso Modernista».

Clarinito.—¡Con decir que salió el retén de Gobernación!

La Pisa Bien. —¡Ni Rafael el Gallo![193]

Don Latino. —Deben ustedes ofrecerle una audición al Maestro.

Dorio de Gadex. —Don Latino, ni una palabra más.

Pérez. —Usted cantará con nosotros, Don Latino.

Don Latino. —Yo doy una nota más baja que el cerdo.

Dorio de Gadex. —Usted es un clásico.

Don Latino. —¿Y qué hace un clásico en el tropel de ruiseñores modernistas? ¡Niños, a ello!

(Dorio de Gadex, feo, burlesco, y chepudo, abre los brazos, que son como alónes[194] sin plumas en el claro lunero.)

Dorio de Gadex. —El Enano de la Venta.

Coro de Modernistas. —¡Cuenta! ¡Cuenta! ¡Cuenta!

Dorio de Gadex. —Con bravatas de valiente.

Coro de Modernistas. —¡Miente! ¡Miente! ¡Miente!

Dorio de Gadex. —Quiere gobernar la Harca.

Coro de Modernistas. —¡Charca! ¡Charca! ¡Charca!

Dorio de Gadex. —Y es un Tartufo Malsín[195].

Coro de Modernistas. —¡Sin! ¡Sin! ¡Sin!

Dorio de Gadex. —Sin un adarme de seso.

Coro de Modernistas. —¡Eso! ¡Eso! ¡Eso!

Dorio de Gadex. —Pues tiene hueca la bola.

Coro de Modernistas. —¡Chola! ¡Chola! ¡Chola![196]

Dorio de Gadex. —Pues tiene la chola hueca.

---

193 El tan famoso diestro, con quien compara La Pisa Bien el éxito de la canción burlesca de los bohemios.

194 *alones*

195 Denostadora alusión al Tartufe de Moliere, con tanto de malsín, impostor e hipócrita

196 Chola, la cabeza, lo mismo que la anterior «bola».

Coro de Modernistas. —¡Eureka! ¡Eureka! ¡Eureka![197]

(Gran interrupción. Un trote épico, y la patrulla de soldados romanos desemboca por una calle traviesa. Traen la luna sobre los cascos y en los charrascos. Suena un toque de atención, y se cierra con golpe pronto, la puerta de la Buñolería. Pitito, capitán de los equites[198] municipales, se levanta sobre los estribos.)

El Capitan Pitito[199]. —¡Mentira parece que sean ustedes intelectuales, y que promuevan estos escándalos! ¿Qué dejan ustedes para los analfabetos?
Max. —¡Eureka! ¡Eureka! ¡Eureka! ¡Pico de Oro! En griego, para mayor claridad, Crisóstomo[200]. ¡Señor Centurión, usted hablará el griego en sus cuatro dialectos!
El Capitan Pitito. —¡Por borrachín, a la Delega![201]
Max. —Y más chulo que un ocho. Señor Centurión, yo también chanelo el sermo vulgaris![202]
El Capitan Pitito. —¡Serenooo!... ¡Serenooo!...
El Sereno. —¡Vaaa!...

---

197 En esta canción, concluida con el grito de celebración del griego, Eureka, «lo he hallado», la harca, palabra que tanto se popularizó en en aquellas fechas, se refiere a partidas marroquíes de la guerra de África.
198 *équites*
199 Ya con su nombre este capitán aparece reducido a un fantoche.
200 Se burla Max de la reprobación del capitán, reforzando lo dicho con el nombre de Crisóstomo, «boca de oro», en griego, y la suposición de que debe saber los dialectos del griego. Continúa la sorna, apelándole «Centurión» de los seudos «soldados romanos».
201 La Delega, la Delegación de Orden Público, la comisaría. Este acorte de palabras era muy propio del lenguaje madrileño. Aquí, además, delega rima con talega. Caer en la talega era otro madrileñismo por ir a la cárcel.
202 Hablo el lenguaje callejero. Vemos que Max, asimismo, como en el habla popular de los madrileños, mezcla palabras vulgares con las cultas.

El Capitan Pitito. —¡Encárguese usted de este curda![203]

(Llega el sereno meciendo a compás el farol y el chuzo[204]. Jadeos y vahos de aguardiente. El Capitán Pitito revuelve el caballo: Vuelan chispas de las herraduras. Resuena el trote sonoro de la patrulla que se aleja.)

El Capitan Pitito. —¡Me responde usted de ese hombre, Sereno!
El Sereno. —¿Habrá que darle amoníaco?[205]
El Capitan Pitito. —Habrá que darle para el pelo.[206]
El Sereno. —¡Está bien!
Don Latino. —Max, convídale a una copa. Hay que domesticar a este troglodita asturiano.
Max. —Estoy apré[207].
Don Latino. —¿No te queda nada?
Max. —¡Ni una perra!
El Sereno. —Camine usted.
Max. —Soy ciego.
El Sereno. —¿Quiere usted que un servidor le vuelva la vista?
Max. —¿Eres Santa Lucía?[208]
El Sereno. —¡Soy autoridad!
Max. —No es lo mismo.
El Sereno. —Pudiera serlo. Camine usted.
Max. —Ya he dicho que soy ciego.

---

203 Curda, borracho.
204 El bastón que llevaban los serenos en las ciudades, casi todos de procedencia gallega o asturiana.
205 Muy de aquella época el dar amoniaco, por su irritante olor, a los beodos.
206 Golpearle.
207 Sin dinero.
208 Santa Lucía, patrona de los ciegos y protectora de quienes tienen males de los ojos, quienes la invocan.

El Sereno. —Usted es un anárquico, y estos sujetos de las melenas: ¡Viento! ¡Viento! ¡Viento! ¡Mucho viento!
Don Latino. —¡Una galerna!
El Sereno. —¡Atrás!
Voces de los Modernistas. —¡Acompañamos al Maestro! ¡Acompañamos al Maestro!
Un Vecino. —¡Pepeee! ¡Pepeee!
El Sereno. —¡Vaaa![209] Retírense ustedes sin manifestación.

(Golpea con el chuzo en la puerta de la Buñolería. Asoma el buñolero, un hombre gordo con delantal blanco: Se informa, se retira musitando, y a poco salen adormilados, ciñéndose el correaje, dos Guardias Municipales.)

Un Guardia. —¿Qué hay?
El Sereno. —Este punto[210] para la Delega.
El Otro Guardia. —Nosotros vamos al relevo. Lo entregaremos en Gobernación.
El Sereno. —Donde la duerma.
El Vecino. —¡Pepeee! ¡Pepeee!
El Sereno. —¡Otro curda! -¡Vaaa!- Sus lo entrego.
Los Dos Guardias. —Ustedes, caballeros, retírense.
Dorio de Gadex. —Acompañamos al Maestro.
Un Guardia. —¡Ni que se llamase este curda Don Mariano de Cávia[211]! ¡Ese sí que es cabeza! ¡Y cuanto más curda, mejor lo saca!

---

209 Nótese que en la escena, desde que el capitán llama al sereno y este responde, se repiten las vocales en las palabras para expresar el sonido de las voces con sus llamadas y contestaciones. Sonidos, de todo tipo, y ruidos, junto a los gritos, oímos a lo largo de *Luces de bohemia*.

210 Este punto, despectivo y coloquial, por sujeto, individuo.

211 *Cavia*. Mariano de Cavia (1855-1920), famoso periodista colaborador de diversos periódicos madrileños. Por lo que dice el guardia parece que era de dominio público su afición a la bebida.

El Otro Guardia. —¡Por veces también se pone pelma!
Don Latino. —¡Y faltón!
Un Guardia. —¿Usted por lo que habla, le conoce?
Don Latino. —Y le tuteo.
El Otro Guardia. —¿Son ustedes periodistas?
Dorio de Gadex. —¡Lagarto! ¡Lagarto![212]
La Pisa Bien. —Son banqueros.
Un Guardia. —Si quieren acompañar a su amigo, no se oponen las leyes y hasta lo permiten, pero deberán guardar moderación, ustedes. Yo respeto mucho el talento.
El Otro Guardia. —Caminemos.
Max. —Latino, dame la mano. ¡Señores guardias, ustedes me perdonarán que sea ciego!
Un Guardia. —Sobra tanta política.
Don Latino. —¿Qué ruta consagramos?
Un Guardia. —Al Ministerio de la Gobernación.
El Otro Guardia. —¡Vivo! ¡Vivo!
Max. —¡Muera Maura! ¡Muera el Gran Fariseo!
Coro de Modernistas. —¡Muera! ¡Muera! ¡Muera!
Max. —Muera el judío y toda su execrable parentela[213].
Un Guardia. —¡Basta de voces! ¡Cuidado con el poeta curda! ¡Se la está ganando, me caso[214] en Sevilla!
El Otro Guardia. —A éste habrá que darle para el pelo. Lo cual que sería lástima, porque debe ser hombre de mérito.

---

212 Interjección popular para ahuyentar algo que no se quiere.
213 Habría que suponer, y tras el Holocausto, que en las representaciones teatrales esta furibunda frase anti-semita, tan impugnable, sobre una supuesta raíz judía de Maura, podría suprimirse.
214 me caso, eufemismo, para evitar la palabra «cago», en esta expresión malhumorada y amenazadora del guardia.

Escena Quinta

*(ZAGUÁN EN EL MINISTERIO DE LA GOBERNA-
CIÓN. Estantería con legajos. Bancos al filo de la pared.
Mesa con carpetas de badana mugrienta. Aire de cueva*[215]*,
y olor frío de tabaco rancio. Guardias soñolientos. Policías
de la Secreta.-Hongos, garrotes, cuellos de celuloide, grandes sortijas, lunares rizosos y flamencos.-Hay un viejo cha-
bacano -bisoñé*[216] *y manguitos de percalina-, que escribe,
y un pollo chulapón de peinado reluciente, con brisas de
perfumería, que se pasea y dicta humeando un veguero*[217]*.
Don Serafín, le dicen sus obligados, y la voz de la calle Serafín el Bonito.-Leve tumulto. Dando voces, la cabeza des-
nuda, humorista y lunático irrumpe Max Estrella.-Don
Latino le guía por la manga, implorante y suspirante. Detrás asoman los cascos de los Guardias. Y en el corredor, se
agrupan bajo la luz de una candileja, pipas, chalinas y melenas del modernismo.)*

MAX. —¡Traigo detenida una pareja de guindillas![218] Estaban emborrachándose en una tasca, y los hice salir a
darme escolta.

---

215 Se sigue enfatizado el descenso de Max a la «cueva». Se nos da toda una descripción esperpéntica de este Ministerio de la des-Gobernación y con los mugrientos olores de los foscos lugares por los que desembarca Max Estrella en su odisea madrileña
216 bisoñé, peluca que cubre la parte frontal de la cabeza; *manguitos de percalina*, mangas de tela que se ponían encima de las de la camisa para no mancharla
217 veguero, un tipo de cigarro/puro.
218 guindillas, despectivamente guardias municipales, llamados de tal modo por el color rojizo; y, en general, policías.

SERAFIN EL BONITO. —Corrección, señor mío.

MAX. —No falto a ella, señor Delegado.

SERAFIN EL BONITO. —Inspector.

MAX. —Todo es uno y lo mismo[219].

SERAFIN EL BONITO. —¿Cómo se llama usted?

MAX. —Mi nombre es Máximo Estrella. Mi seudónimo Mala Estrella. Tengo el honor de no ser Académico.

SERAFIN EL BONITO. —Está usted propasándose. ¿Guardias, por qué viene detenido?

UN GUARDIA. —Por escándalo en la vía pública, y gritos internacionales[220]. ¡Está algo briago![221]

SERAFIN EL BONITO. —¿Su profesión?

MAX. —Cesante.

SERAFIN EL BONITO. —¿En qué oficina ha servido usted?

MAX. —En ninguna.

SERAFIN EL BONITO. —¿No ha dicho usted que cesante?

MAX. —Cesante de hombre libre, y pájaro cantor. ¿No me veo vejado, vilipendiado, encarcelado, cacheado e interrogado?

SERAFIN EL BONITO. —¿Dónde vive usted?

MAX. —Bastardillos. Esquina a San Cosme. Palacio[222].

---

219 Nótese en este diálogo, el lenguaje burlón de Max y el burocrático, amenazador, del Inspector; lenguaje tan propio de los diálogos del teatro expresionista, donde las frases, más que dirigidas al interlocutor, pasan por encima de él.

220 Gritos internacionales, los de los huelguistas y manifestantes, con su alusión a la Asociación Internacional de Trabajadores, fundada en 1864, y con su universal himno de «¡Arriba parias de la tierra! / En pie, famélica legión ... ». En 1919, se fundó la Tercera Internacional, ya sólo comunista, lo cual profundizó la división del movimiento obrero con negativas consecuencias para la causa obrera en España.

221 Briago, ebrio, embriagado.

222 Hay aquí un juego de palabras con el uso de Palacio; por un lado alude al distrito, llamado así, donde se situaba la calle ficticia, junto a la real de San Cosme, que Max da como la de su vivienda. El guardia, acto seguido, creyendo que se refiere a un Palacio,

Un Guindilla. —Diga usted casa de vecinos. Mi señora, cuando aún no lo era, habitó un sotabanco de esa susodicha finca.
Max. —Donde yo vivo, siempre es un palacio.
El Guindilla. —No lo sabía.
Max. —Porque tú, gusano burocrático, no sabes nada. ¡Ni soñar!
Serafin El Bonito. —¡Queda usted detenido!
Max. —¡Bueno! ¿Latino, hay algún banco donde pueda echarme a dormir?[223]
Serafin El Bonito. —Aquí no se viene a dormir.
Max. —¡Pues yo tengo sueño!

---

trata de rectificar, lo cual da pie a Max a afirmarse en lo de ser un Palacio donde quiera que él viva, dada esa aspiración de los bohemios a una aristocracia artística, a ser «príncipes del azul», envueltos en sus capas raídas o remendadas y sus botas sin suelas.

223 Se da en esta escena, lo que será una proyección del personaje sobre el autor, pues, cuando Valle-Inclán fue detenido y llevado a la Comisaría, en 1927, por el escándalo en el Teatro Fontalba, cuando gritó «¡Muy mal!», en una escena de Margarita Xirgu en la obra *El hijo del diablo*, sus respuestas al comisario son parecidas a las de Max Estrella. Evocando su detención y las preguntas y respuestas, Rafael Cansinos-Asséns, escribe que al preguntarle el comisario su nombre y apellido, Valle-Inclán respondió: «Eso podría preguntárselo yo a usted ... A mí me conoce todo el mundo, y si usted no me conoce es señal de que es un analfabeto». Y se extiende sobre ello en el apartado, «La Dictadura contra los escritores» de *La novela de un literario*. 3, 206-213. Al igual que Max Estrella, Valle-Inclán estuvo retenido en el juzgado municipal, «por desacato», quedando en libertad a las tres de la madrugada, por la misma hora que fuera libertado Max Estrella. Asimismo, su amigo el escultor Sebastian Miranda, continuando sobre lo dicho por Cansinos-Asséns, dedica dos páginas evocando parecidas contestaciones cuando se celebró el juicio contra Valle-Inclán «por desobediencia y desacato a la autoridad», en abril de 1929, al haberse negado a pagar la multa por el incidente del Fontalba. Cito un par de ellas: «Levántase el procesado», «Estoy bien así, contestó Don Ramón»: «¿Cómo se llama usted?», y Valle-Inclán respondió: ¿Y usted?». Fue llevado a la cárcel Modelo, donde estuvo cuatro días. Se trata de ello, en «Recuerdos de mi amistad con Valle-Inclán», *Cuadernos Hispanoamericanos*, 1966, 16-17.

Serafin El Bonito. —¡Está usted desacatando mi autoridad! ¿Sabe usted quién soy yo?

Max. —¡Serafín el Bonito!

Serafin El Bonito. —¡Como usted repita esa gracia, de una bofetada, le doblo!

Max. —¡Ya se guardará usted del intento! ¡Soy el primer poeta de España! ¡Tengo influencia en todos los periódicos! ¡Conozco al Ministro! ¡Hemos sido compañeros!

Serafin El Bonito. —El Señor Ministro no es un golfo.

Max. —Usted desconoce la Historia Moderna.

Serafin El Bonito. —¡En mi presencia no se ofende a Don Paco! Eso no lo tolero. ¡Sepa usted que Don Paco es mi padre!

Max. —No lo creo. Permítame usted que se lo pregunte por teléfono.

Serafin El Bonito. —Se lo va usted a preguntar desde el calabozo.

Don Latino. —¡Señor Inspector, tenga usted alguna consideración! ¡Se trata de una gloria nacional! ¡El Víctor Hugo de España![224]

---

[224] Primera mención identificando a Max Estrella con Víctor Hugo, tan admirado por los bohemios de la segunda promoción, reconociendo el alto valor, como figura literaria, que Max Estrella, tan vejado, humillado en la comisaría, tenía entre sus coetáneos, escritores bohemios y modernistas, como ya hemos visto con el grupito que irrumpe en la Escena anterior, y acude a su defensa. Alejandro Sawa llegó a conoce a Víctor Hugo, a quien exaltó tanto, y se cuenta la anécdota, negada por él, de que le besó en la frente y desde entonces no se la quiso lavar. Esta exaltación de comparar a Max Estrella con Víctor Hugo, obedece a que era considerado, por los bohemios, como el modelo ideal del literato. Recordemos el homenaje que, en su revista universitaria, *La Universidad* (periódico escolar, librepensador), el 12 de febrero de 1885, le hicieron los bohemios de la segunda promoción, y con motivo de su fallecimiento. Los firmantes fueron: Alejandro Sawa, Joaquín Dicenta, Ricardo Fuente, Ricardo Delorme, Manuel Paso y Luis Paris.

SERAFIN EL BONITO. —Cállese usted.
DON LATINO. —Perdone usted mi entrometimiento.
SERAFIN EL BONITO. —¡Si usted quiere acompañarle, también hay para usted alojamiento!
DON LATINO. —¡Gracias, Señor Inspector!
SERAFIN EL BONITO. —Guardias, conduzcan ustedes ese curda al Número 2.
UN GUARDIA. —¡Camine usted!
MAX. —No quiero.
SERAFIN EL BONITO. —Llévenle ustedes a rastras.
OTRO GUARDIA. —¡So golfo!
MAX. —¡Que me asesinan! ¡Que me asesinan!
UNA VOZ MODERNISTA. —¡Bárbaros!
DON LATINO. —¡Que es una gloria nacional!
SERAFIN EL BONITO. —Aquí no se protesta. Retírense ustedes.
OTRA VOZ MODERNISTA. —¡Viva la Inquisición!
SERAFIN EL BONITO. —¡Silencio, o todos quedan detenidos!
MAX. —¡Que me asesinan! ¡Que me asesinan!
LOS GUARDIAS. —¡Borracho! ¡Golfo!
EL GRUPO MODERNISTA. —¡Hay que visitar las Redacciones!

(Salen en tropel el grupo.-Chalinas flotantes, pipas apagadas, románticas greñas. Se oyen estallar las bofetadas y las voces tras la puerta del calabozo[225])

---

225 Breve e intensa Escena, de burla al poder policial y que concluye en forma violenta, La represión contra los huelguistas que se vive en la calle a lo largo de la pieza, ahora, se extiende a quien se consideraba como una gloria literaria, golpeándole y metiéndole en el calabozo.

Serafin El Bonito. —¡Creerán esos niños modernistas, que aquí se reparten caramelos!

Escena Sexta

(EL CALABOZO. Sótano mal alumbrado por una candileja. En la sombra, se mueve el bulto de un hombre.-Blusa, tapabocas[226] *y alpargatas. —Pasea hablando sólo. Repentinamente se abre la puerta. Max Estrella, empujado y trompicando, rueda al fondo del calabozo. Se cierra de golpe la puerta.)*

Max. —¡Canallas! ¡Asalariados! ¡Cobardes!
Voz Fuera. —¡Aún vas a llevar mancuerna![227]
Max. —¡Esbirro!

(Sale de la tiniebla el bulto del hombre morador del calabozo. Bajo la luz se le ve esposado, con la cara llena de sangre.)[228]

---

226 Tapabocas, especie de bufanda para cubrir boca y cuello
227 Recibir una paliza
228 Esta escena teatral emblematiza el período funesto de la gran crisis político-social española vivida entre 1917 y 1923, centrada en la evocación del intenso conflicto vivido en Barcelona, con asesinatos del terrorismo de pistoleros anarquistas duplicados por el de los pistoleros de las patronales y con la brutal represión del anarquismo y del pujante movimiento obrero catalán; desencadenada por el nombramiento, en noviembre de 1920, del general Martínez Anido, pasando de gobernador militar a civil en Barcelona, e instituyendo la Ley de fugas, y apoyado por el Jefe superior de policía, el general Miguel Arlegui, famoso por los métodos de tortura que utilizaba con los obreros rebeldes en las comisarías; todo lo cual queda, magistralmente resumido en la presente Escena, personificado en lo sufrido, y lo que le espera, al obrero anarquista catalán.
Posiblemente, y previniendo lo que le podría caer a la revista *España* por lo de echar fuego en aquella «Hoguera de odio», la Escena fue borrada de la versión de 1920, junto a las dos otras dos en que se menciona el paso del detenido a prisión y su asesinato.

El Preso. —¡Buenas noches!
Max. —¿No estoy solo?
El Preso. —Así parece.
Max. —¿Quién eres, compañero?
El Preso. —Un paria.
Max. —¿Catalán?
El Preso. —De todas partes.
Max. —¡Paria!... Solamente los obreros catalanes aguijan su rebeldía, con ese denigrante epíteto. Paria, en bocas como la tuya, es una espuela. Pronto llegará vuestra hora[229].
El Preso. —Tiene usted luces que no todos tienen. Barcelona alimenta una hoguera de odio, soy obrero barcelonés, y a orgullo lo tengo.
Max. —¿Eres anarquista?
El Preso. —Soy lo que me han hecho las Leyes.
Max. —Pertenecemos a la misma Iglesia[230].
El Preso. —Usted lleva chalina.
Max. —¡El dogal de la más horrible servidumbre! Me lo arrancaré, para que hablemos.
El Preso. —Usted no es proletario.
Max. —Yo soy el dolor de un mal sueño.
El Preso. —Parece usted, hombre de luces. Su hablar, es como de otros tiempos[231].

---

[229] En esta frase, y a través de toda la Escena, y con el comportamiento de Max Estrella, Valle-Inclán expresa, honda y sentida, solidaridad, con la causa revolucionaria obrera, aunque, en ocasiones, los comentarios de Max bordeen en la parodia y resulten de extrema radicalización arbitraria y exageración retórica.

[230] Como tantos de los bohemios históricos, Max Estrella manifiesta su vinculación con el anarquismo, exaltado por Valle-Inclán por aquellas fechas, identificado con su doctrina de eliminación de todo poder estatal constrictivo de la libertad de la persona, por más que algunos de sus biógrafos le sigan considerando fiel al, por entonces, tan caduco y reaccionario carlismo.

[231] Volvemos, en la Escena, al lenguaje coloquial entre Max y el preso, el cual corresponde al pathos y a lo patético.

Max. —Yo soy un poeta ciego.

El Preso. —¡No es pequeña desgracia!... En España el trabajo y la inteligencia, siempre se han visto menospreciados. Aquí todo lo manda el dinero[232].

Max. —Hay que establecer la guillotina eléctrica, en la Puerta del Sol.

El Preso. —No basta. El ideal revolucionario tiene que ser la destrucción de la riqueza, como en Rusia. No es suficiente la degollación de todos los ricos: Siempre aparecerá un heredero, y aun cuando se suprima la herencia, no podrá evitarse que los despojados, conspiren para recobrarla. Hay que hacer imposible el orden anterior, y eso sólo se consigue destruyendo la riqueza. Barcelona industrial, tiene que hundirse, para renacer de sus escombros, con otro concepto de la propiedad y del trabajo. En Europa, el patrono de más negra entraña es el catalán, y no digo del mundo, porque existen las Colonias Españolas de América[233]. ¡Barcelona solamente se salva, pereciendo!

Max. —¡Barcelona es cara a mi corazón!

El Preso. —¡Yo también la recuerdo!

Max. —Yo le debo los únicos goces, en la lobreguez de mi

---

232 Frase con tanto eco en la actualidad y no solo en España, sino por todo el mundo; algo tan sentido por Valle-Inclán en aquellos años y que resulta de tanto impacto en las representaciones teatrales del presente, cuando «el poderoso caballero, don dinero», del verso de Quevedo, ha devenido «Emperador» mundial.

233 Como se desprenden de las palabras del obrero, y las de Max Estrella, en los primeros tiempos de la revolución rusa, los anarquistas españoles se identificaban con ella, aunque posteriormente se rompiera tal consenso. Las colonias a las que se refiere eran las formadas por los inmigrantes españoles en países hispanoamericanos. En su su viaje a México en 1921, Valle Inclán haría declaraciones en contra de desaprensivos propietarios y comerciantes de la colonia española en el país, y ya anticipando la crítica de en *Tirano Banderas*.

ceguera[234]. Todos los días un patrono muerto, algunas veces dos... Eso consuela.

EL PRESO. —No cuenta usted, los obreros que caen.

MAX. —Los obreros se reproducen populosamente, de un modo comparable a las moscas. En cambio los patronos, como los elefantes, como todas las bestias poderosas y prehistóricas, procrean lentamente. Saulo, hay que difundir por el mundo la religión nueva.

EL PRESO. —Mi nombre es Mateo[235].

MAX. —Yo te bautizo, Saulo. Soy poeta y tengo el derecho al alfabeto. Escucha para cuando seas libre, Saulo[236]:

---

234 Frase irónica, a la luz de la que sigue, con Max expresándose como un feroz revolucionario. Quizá, por eso, se puede suponer que, y cuando lo que Max Estrella «teatralmente» deseaba, muy aumentado con las muertes causadas por los pistoleros de la patronal, estaba sucediendo, ensangrentando las calles de Barcelona, el moderado socialista, Araquistain optara por suprimir la Escena. Por su parte, anunciando su atroz represión contra el anarquismo y otras centrales obreras, en el discurso de toma de posesión del cargo, Martínez Anido expresó: «He estado en Cuba y Filipinas. Tendría que estar en África. El gobierno me envía a Barcelona y obraré como si estuviera en campaña». Así obró Franco, que sí estuvo en África, en la guerra y en los primeros años de la posguerra.

235 El mismo nombre que el de Mateo Corral, el funestamente famoso terrorista anarquista que, el 5 de mayo de 1906, intentara el magnicidio, y en el día de su boda, de la pareja real, Alfonso XIII y su esposa, arrojando un bomba, al paso de su carroza; horrendo atentado, que dio muerte a 25 personas y dejando unas cien heridas. Se dio el caso que, días antes, el anarquista había pasado por la tertulia de Valle-Inclán y Ricardo Baroja en la Horchatería de Candela, en la calle de Alcalá. Ambos, se dice, estuvieron en el depósito para reconocer el cadáver tras su suicidio.

236 Quizás queriéndole apartar de que se le confunda con Mateo Corral, recurre Valle-Inclán a la conversión del camino de Damasco, de San Pablo, Saulo, en su nombre hebreo, pero, con esta conversión al revés; Max devolviéndole al Saulo de las persecuciones de cristianos, y para lanzarle, en caso de llegar a estar libre, a la caza de los «elefantes-patronos». Sobre aquella Barcelona «hoguera de odios», el reconocido bohemio de la tercera promoción, Alfonso Vidal y Planas, en 1922 publicó su folletinesca novela, *Bombas de odio,* repartidas, por igual, entre los terroristas anarquistas y los de la patronal. Al final, el grupo de anarquistas, que se lanzó a hacer lo que Max, tan hiperbólicamente

Una buena cacería, puede encarecer la piel de patrono catalán, por encima del marfil de Calcuta.

EL PRESO. —En ello laboramos.

MAX. —Y en último consuelo, aun cabe pensar que exterminando al proletario, también se extermina al patrón.

EL PRESO. —Acabando con la ciudad, acabaremos con el judaísmo barcelonés[237].

MAX. —No me opongo. Barcelona semita, sea destruída[238] como Cartago y Jerusalén[239]. ¡Alea jacta est![240] Dame la mano.

EL PRESO. —Estoy esposado.

MAX. —¿Eres joven? ¿No puedo verte?

EL PRESO. —Soy joven: Treinta años.

MAX. —¿De qué te acusan?

EL PRESO. —Es cuento largo. Soy tachado de rebelde... No quise dejar el telar por ir a la guerra, y levanté un motín en la fábrica. Me denunció el patrón, cumplí condena, recorrí el mundo buscando trabajo, y ahora voy

---

expresara, quedaba liquidado, mientras que los del terrorismo blanco de la patronal son premiados «por lo servicios prestados a las autoridades barcelonesas», según leemos en el Epílogo.

237 Posiblemente, en representaciones teatrales actuales, se elimine esta frase y la siguiente, con la contestación de Max, que la redobla, aunque, para respetar la integridad del texto, tales frases, dichas por los personajes, y no por Valle-Inclán, y en 1920, esté bien dejarlas para que el espectador, como el lector, se mantengan conscientes del criminal perjuicio antisemita, tan extendido por siglos en países «llamados cristianos», y con el total olvido de «amar al prójimo» de los Evangelios. En la película, *Luces de bohemia* (1985), dirigida por Miguel Ángel Díez, y guión de Mario Camus, sí se descartan tales injuriosas frases. La película se puede ver en Internet.

238 *destruida*

239 Ambas ciudades fueron destruidas por los ejércitos romanos, Cartago en el año 146 A. C. Jerusalén en el 70 de nuestra era.

240 ¡Alea jacta est! «la suerte está echada», la tan famosa frase, y a través de los siglos, de Julio César al cruzar el Rubicón.

por tránsitos, reclamado de no sé qué jueces. Conozco la suerte que me espera: Cuatro tiros por intento de fuga[241]. Bueno. Si no es más que eso.

Max. —¿Pues qué temes?

El Preso. —Que se diviertan dándome tormento.

Max. —¡Bárbaros!

El Preso. —Hay que conocerlos.

Max. —Canallas. ¡Y esos son los que protestan de la leyenda negra!

El Preso. —Por siete pesetas, al cruzar un lugar solitario, me sacarán la vida, los que tienen a su cargo la defensa del pueblo. ¡Y a esto llaman justicia, los ricos canallas[242]!

Max. —Los ricos y los pobres, la barbarie ibérica es unánime.

---

[241] En la versión cinematográfica de 1983, se nos hace ver cómo se aplica la Ley de fugas al anarquista catalán. Al sacarle de la prisión se le dice, «Anda, corre», y cuando lo está haciendo, la cámara enfoca una fila de fusiles y se oye la descarga que lo abate. De hecho, eso les sucedió, como he leído, a los dirigentes anarquistas Evelino Boal y Antonio Feliu a la puerta de la cárcel Modelo de Barcelona, a primeras horas de la mañana del 17 de junio de 1921, donde fueron tiroteados, y asesinados, tras haberles, supuestamente, dejado libres.

[242] Es impresionantemente, sobrecogedora, en la película, la actuación de Imanol Arias en el papel del preso, resaltando su rostro, en primeros planos, contra un fondo todo oscuro, y expresado la tragedia de las torturas de que ha sido objeto y el destino que le espera. También es magnífica la actuación de Francisco Rabal, ya entrado en años, representando a Max Estrella, y expresando el dolor por lo que escucha en el coloquio entre ambos; actuación que nos hace recordar la de, más de veinte años antes, el rostro suyo protagonizando a Nazarín, al final de la película de Buñuel, marchando detenido en una cuerda de presos; la cual se utilizó tanto en la represión del anarquismo catalán, en los años de *Luces de bohemia*, y, en donde, con frecuencia, se aplicaba la Ley de fugas. Aunque la película es una adaptación bastante libre, en ella sí se recrean, con mucha precisión, los lugares y el ambiente de Madrid en que discurren los sucesos, aunque, la obra, en la pantalla, aparece «desperpentizada», representando, de modo realista, la tragedia del protagonista y lo que había de trágico en la sociedad española de aquel momento.

El Preso. —¡Todos!

Max. —¡Todos! ¿Mateo, dónde está la bomba que destripe el terrón maldito de España[243]?

El Preso. —¡Señor poeta, que tanto adivina, no ha visto usted una mano levantada?

(Se abre la puerta del calabozo, y el llavero, con jactancia de rufo[244], ordena al preso maniatado, que le acompañe.)

El Llavero[245]. —¡Tú, catalán, disponte!

El Preso. —Estoy dispuesto.

El Llavero. —Pues andando. Gachó[246], vas a salir en viaje de recreo.

(El esposado, con resignada entereza, se acerca al ciego, y le toca el hombro con la barba: Se despide hablando a media voz.)

El Preso. —Llegó la mía... Creo que no volveremos a vernos...

Max. —¡Es horrible!

El Preso. —Van a matarme... ¿Qué dirá mañana esa prensa canalla[247]?

---

243 Furibundo anatema del poeta Max Estrella, tan encolerizado por la trágica suerte del obrero catalán, expresando, aunque sin su latigazo, un sentir nacional, liberal, progresista, de rechazo de una España, históricamente tan anclada en un tradicionalismo inquisitorial y retrógrado; un sentir que se remonta a fines del siglo XVIII y con La Ilustración y frente a tal España, la cual seguía con su pataleo en pleno siglo XX, alcanzando un nuevo cenit en la primera década de la dictadura franquista.

244 Rufián, maleante.

245 El Llavero, el celador con las llaves del calabozo.

246 Gachó, voz de caló por hombre, un tanto despectiva.

247 Tema de la supeditación de la prensa al Poder del que se trata en la Escena siguiente.

Max. —Lo que le manden.
El Preso. —¿Está usted llorando?
Max. —De impotencia y de rabia. Abracémonos, hermano[248].

(Se abrazan. El carcelero y el esposado salen. Vuelve a cerrarse la puerta. Max Estrella tantea buscando la pared, y se sienta con las piernas cruzadas, en una actitud religiosa, de meditación asiática[249]*. Exprime un gran dolor taciturno, el bulto del poeta ciego. Llega de fuera tumulto de voces, y galopar de caballos.)*

---

248 Escena sublime, la de este conmovedor abrazo. Sobre su sentido político simbólico, en *La marcha al pueblo en las letras españolas* (1980), escribí: «La imagen de Max con el militante obrero, en los calabozos de Gobernación, es un precioso ícono de la alianza entre las fuerzas del trabajo y de la cultura que, ya en aquellos años, sugería Valle-Inclán como opción alternativa al bloque histórico del poder oligárquico en desintegración» (126). Algo que tantos-as veíamos como un imperativo en los años de la Transición tras la muerte del dictador.

249 Se sienta en la forma del loto del yoga, tratando de atenuar el dolor por lo que le espera al preso catalán. Es significativo que con la gran crisis del orden moral europeo, con el catastrófico descabello de la I Guerra Mundial, tantos pensadores y escritores europeos, retomando algo ya iniciado a fines del siglo XVIII, se internaran en el tema de «meditación asiática». Valle-Inclán en *La lámpara maravillosa*, 1916, y desde años antes.

Escena Séptima

(LA REDACCION DE «EL POPULAR»: Sala baja con piso de baldosas: En el centro una mesa larga y negra, rodeada de sillas vacías, que marcan los puestos, ante roídas carpetas, y rimeros de cuartillas que destacan su blancura en el círculo luminoso y verdoso de una lámpara con enagüillas[250]*. Al extremo fuma y escribe un hombre calvo, el eterno redactor del perfil triste, el gabán con flecos, los dedos de gancho, y las uñas entintadas. El hombre lógico y mítico enciende el cigarro apagado. Se abre la mampara, y el grillo de un timbre*[251] *rasga el silencio. Asoma el conserje, vejete renegado, bigotudo, tripón, parejo de aquellos bizarros coroneles que en las procesiones se caen del caballo. Un enorme parecido que extravaga*[252] *).*

---

250 Escena simultánea, en el tiempo, con la anterior, y en que se vuelve abordar el tema de la teosofía, ya aludido con esta «verdosa» y raquítica lámpara, tan distinta de la astral de en *La lámpara maravillosa*. Aún así, la lamparita con su circularidad, por lo que se habla en un coloquio posterior, podría conectar con el Karma de lo que se vive.

251 el grillo de un timbre, imagen, como varias más de la pieza, que podrían identificarse con las greguerías de Ramón Gómez de la Serna y las metáforas de los poetas ultraístas y con imágenes expresionistas.

252 Uno más de los cronotopos de la vida y literatura de los bohemios, la Escena en la redacción de un periódico, la cual aparece tanto en los escritos de los bohemios y en lo que se escribe sobre ellos. De lo trágico de la Escena anterior, pasamos a ésta esperpéntica, como ya se anuncia en la acotación inicial. Valle-Inclán viene a añadir al tema común, una joya literaria y teatral. El «extravaga», neologismo verbal por asombrar, sorprender, tiene que ver con el efecto que causan tantas de las descripciones expresionistas de la realidad exterior, y resume el efecto estrafalario de la descripción, punteada con sus imágenes poéticas del absurdo. Sobre la Prensa, recordemos que los bohemios de la primera y segundo promoción renovaron el periodismo madrileño y español.

El Conserje. — Ahí está Don Latino de Hispalis, con otros capitalistas de su cuerda[253]. Vienen preguntando por el Señor Director. Les he dicho que solamente estaba usted en la casa. ¿Los recibe usted, Don Filiberto?
Don Filiberto. —Que pasen.

(Sigue escribiendo. El conserje sale, y queda batiente la verde mampara que proyecta un recuerdo de garitos y naipes. Entra el cotarro modernista, greñas, pipas, gabanes repelados, y alguna capa. El periodista calvo levanta los anteojos a la frente, requiere el cigarro, y se da importancia.)

Don Filiberto. —¡Caballeros y hombres buenos, adelante! ¿Ustedes me dirán lo que desean de mí y del Journal?[254]
Don Latino. —¡Venimos a protestar contra un indigno atropello de la policía! Max Estrella, el gran poeta, aun cuando muchos se nieguen a reconocerlo, acaba de ser detenido y maltratado brutalmente en un sótano del Ministerio de la Desgobernación.
Dorio de Gadex. —En España sigue reinando Carlos II.
Don Filiberto. —¡Válgame un santo de palo! ¿Nuestro gran poeta estaría curda?

Contamos con los fundamentales libros, *El grupo Germinal: una clave del 98,* de Rafael Pérez de la Dehesa (1970) y el de Miguel Ángel del Arco, *Cronistas bohemios. La rebeldía de la Gente Nueva en 1900* (2017). Ya en el 2013, el autor presentó su extensa tesis doctoral, *Periodismo y bohemia (en Madrid alrededor de 1900): los bohemios en la prensa del Madrid absurdo, brillante y hambriento de fin de siglo.*

253 Burlas como la de esta frase, toda una antítesis del rango social de los bohemios, se generalizaron al hablar de ellos.
254 Refiriéndose a su periódico a la francesa, don Filiberto se da la importancia a la que se alude en la acotación previa.

Don Latino. —Una copa de más, no justifica esa violación de los derechos individuales.

Don Filiberto. —Max Estrella también es amigo nuestro. ¡Válgame un santo de palo!²⁵⁵ El Señor Director, cuando a esta hora falta, ya no viene... Ustedes conocen cómo se hace un periódico. ¡El Director, es siempre un tirano...! Yo, sin consultarle, no me decido a recoger en nuestras columnas la protesta de ustedes. Desconozco la política del periódico con la Dirección de Seguridad... Y el relato de ustedes, francamente, me parece un poco exagerado.

Dorio de Gadex. —¡Es pálido, Don Filiberto!

Clarinito.—¡Una cobardía!

Pérez. —¡Una vergüenza!

Don Latino. —¡Una canallada!

Dorio de Gadex. —¡En España reina siempre Felipe II!²⁵⁶

Don Latino. —¡Dorio, hijo mío, no nos anonades!

Don Filiberto. —¡Juventud! ¡Noble apasionamiento! ¡Divino tesoro, como dijo el vate de Nicaragua! ¡Juventud, divino tesoro!²⁵⁷ Yo también leo, y algunas veces admiro a los genios del modernismo. El Director, bromea que estoy contagiado. ¿Alguno de ustedes ha leído el cuento que publiqué en «Los Orbes»?

Clarinito.—¡Yo, Don Filiberto! Leído y admirado.

Don Filiberto. —¿Y usted, amigo Dorio?

---

255 Dicho popular, usado como latiguillo por el periodista, para expresar cierta sorpresa por lo que cuentan y piden los bohemios.

256 Con esta exclamación, Dorio Gadex se une a Max Estrella, y como tantos de los rebeldes bohemios, a la condenación de la España inquisitorial y retrógrada, remontándose al autocrático Felipe II.

257 Literalización, basada en el verso de Rubén Darío «Juventud divino tesoro / ya te vas para no volver ... », del poema «Canción de otoño en primavera», en *Cantos de vida y de esperanza*.

Dorio de Gadex. —Yo nunca leo a mis contemporáneos, Don Filiberto.
Don Filiberto. —¡Amigo Dorio, no quiero replicarle que también ignora a los clásicos!
Dorio de Gadex. —A usted y a mí nos rezuma el ingenio, Don Filiberto. En el cuello del gabán llevamos las señales.[258]
Don Filiberto. —Con esa alusión a la estética de mi indumentaria, se me ha revelado usted como un joven esteta.
Dorio de Gadex. —¡Es usted corrosivo, Don Filiberto!
Don Filiberto. —¡Usted me ha buscado la lengua!
Dorio de Gadex. —¡A eso no llego!
Clarinito.—Dorio, no hagas chistes de primero de latín.
Don Filiberto. —Amigo Dorio, tengo alguna costumbre de estas cañas y lanzas del ingenio. Son las justas del periodismo. No me refiero al periodismo de ahora. Con Silvela he discreteado en un banquete, cuando me premiaron en los Juegos Florales de Málaga la Bella. Narciso Díaz[259], aún recordaba poco hace aquel torneo en una crónica de «El Heraldo». Una crónica deliciosa, como todas las suyas, y reconocía que no había yo llevado la peor parte. Citaba mi definición del periodismo. ¿Ustedes la conocen? Se la diré, sin embargo. El periodista es el plumífero parlamentario. El Congreso es una gran redacción, y cada redacción un pequeño

---

258 Se refiere a la caspa, y como el ingenio que les cae en el cuello del gabán.
259 Don Filiberto se da ínfulas identificándose con tales dos figuras del periodismo: Francisco Silvela (1843-1905), fue, asimismo, una personalidad destacada en el Partido Conservador, y Narciso Díaz Escobar (1860-1935), malagueño, un renombrado periodista y escritor.

Congreso. El periodismo es travesura, lo mismo que la política. Son el mismo círculo en diferentes espacios. Teosóficamente podría explicárselo a ustedes, si estuviesen ustedes iniciados en la noble Doctrina del Karma[260].

DORIO DE GADEX. —Nosotros no estamos iniciados, pero quien chanela[261] algo es Don Latino.

DON LATINO. —¡Más que algo, niño, más que algo! Ustedes no conocen la cabalatrina[262] de mi seudónimo: Soy Latino por las aguas del bautismo: Soy Latino por mi

---

260 Se introduce el tema de la teosofía el cual se seguirá en la Escena novena. Don Filiberto podría ser un trasunto de Mario Roso de Luna, quien presidiera un grupo de estudiosos del ocultismo del Ateneo, con quienes Valle-Inclán tuvo relación; él, quien, desde fines del siglo XIX, estuvo interesado en los misterios del ocultismo, y fuera amigo de Mario Roso, el cual le dedicó el segundo volumen de su *Biblioteca de las maravillas* con estas palabras: «Al místico cantor de la *Lámpara maravillosa*», cuyos rastros se proyectan sobre *Luces de bohemia*. Véase el ensayo de Elisabeth Drumm, «Valle-Inclan's 'Armonía de contrarios'in Theory and Practice: *La Lámpara maravillosa* and *Luces de bohemia*». Por su parte, Virginia Garlitz, en «El concepto de Karma en dos magos españoles, Don Ramón del Valle-Inclán y Don Mario Roso de Luna», afirmó –y se extiende sobre ello- que Don Filiberto está «claramente basado en el rotundo, calvo, fumador de puros, cuentista, periodista, ateneísta y teósofo Roso de Luna», y alude al tema tan suyo de «la noble doctrina del karma», el cual utiliza don Filiberto.

261 De chanelar, entender. Frente a los jóvenes modernistas, el anciano Don Latino tiene su ascendencia y, en cierto modo, personificando en la Escena, al ausente maestro, Max Estrella.

262 Ahora, don Latino, habiendo dejando su papel de lazarillo, se da pisto frente a Don Filiberto y los jóvenes poetas. Latino, por haber nacido en la bética Hispanis, Sevilla, presume de su ascendencia romana, cristiana y sevillana. Lo de ser andaluz es otro lazo que le une a Max Estrella, y Latino, también, por sus andanzas en el barrio latino parisino. Con su mención a la cabalatrina, lo oculto y mágico, en su significado cabalístico, Don Latino se precia de estar iniciado en «el magismo y la cábala», al igual que Don Filiberto/Mario Roso. Aunque, en su caso, y en contraste con don Filiberto, quien hasta lleva el círculo cabalístico en su monda cabeza calva, hay algo de farsante, como leemos, al fin del parlamento, en lo de considerar palabra mágica «Onital», la cual es su nombre de Latino, leído al revés.

nacimiento en la bética Hispalis, y Latino por dar mis murgas en el Barrio Latino de París. Latino en lectura cabalística, se resuelve en una de las palabras mágicas: Onital. Usted, Don Filiberto, también toca algo en el magismo y la cábala.

Don Filiberto. —No confundamos. Eso es muy serio, Don Latino. ¡Yo soy teósofo!

Don Latino. —¡Yo no sé lo que soy!

Don Filiberto. —Lo creo.

Dorio de Gadex. —Un golfo madrileño.

Don Latino. —Dorio, no malgastes el ingenio, que todo se acaba. Entre amigos basta con sacar la petaca, se queda mejor. ¡Vaya, dame un pito!

Dorio de Gadex. —No fumo.

Don Filiberto. —¡Otro vicio tendrá usted!

Dorio de Gadex. —Estupro criadas.

Don Filiberto. —¿Es agradable?

Dorio de Gadex. —Tiene sus encantos, Don Filiberto.

Don Filiberto. —¿Será usted padre innúmero?

Dorio de Gadex. —Las hago abortar[263].

Don Filiberto. —¡También infanticida!

Pérez. —Un cajón de sastre.

---

263 Sobre el ingenio provocador del real Dorio Gádex, con su sentido escabroso y de humor negro, en *Cuentos bohemios españoles. Antología,* recogí uno suyo «Medallón modernista». Contrario a lo que pudiera esperarse del título, un medallón de princesas y cisnes, lo que encontramos es un golpe bajo a la moral burguesa. El buen burgués, Don Claudio, «miembro de la Asociación contra la trata de blancas» e Individuo de la «Academia de Ciencias Morales y Políticas» logra, a través de una dueña de casa de prostitución, que le consiga una «niñita virgen». A punto de culminar, en la cama, lo programado, su ayuda de cámara, que había leído la misiva confirmando el encuentro anhelado, irrumpe en la habitación del burdel, con otro compinche, en el momento en que Don Claudio iba a consumar su deseada «desfloración», y le sacan dos mil pesetas por no denunciarle. Resultaba, además, que la supuesta niñita de unos 14 años, era una disfrazada y marchita prostituta de casi 30 años. «Medallón modernista» forma parte del libro de Dorio Gádex, *Cuentos al oído.*

Dorio de Gadex. —¡Pérez, no metas la pata! Don Filiberto, un servidor es neo-maltusiano.

Don Filiberto. —¿Lo pone usted en las tarjetas?

Dorio de Gadex. —Y tengo un anuncio luminoso en casa.

Don Latino. —Y así, revertiéndonos la olla vacía[264], los españoles nos consolamos del hambre y de los malos gobernantes.

Dorio de Gadex. —Y de los malos cómicos, y de las malas comedias, y del servicio de tranvías, y del adoquinado.

Pérez. —¡Eres un iconoclasta!

Dorio de Gadex. —Pérez, escucha respetuosamente y calla.

Don Filiberto. —En España podrá faltar el pan, pero el ingenio y el buen humor no se acaban.

Dorio de Gadex. —¿Sabe usted quién es nuestro primer humorista, Don Filiberto?

Don Filiberto. —Ustedes los iconoclastas dirán, quizá, que Don Miguel de Unamuno[265].

Dorio de Gadex. —¡No, señor! El primer humorista es Don Alfonso XIII.

Don Filiberto. —Tiene la viveza madrileña y borbónica.

Dorio de Gadex. —El primer humorista, Don Filiberto. ¡El primero! Don Alfonso ha batido el récord haciendo presidente del Consejo a García Prieto[266].

Don Filiberto. —Aquí, joven amigo, no se pueden pro-

---

264 Ingeniosa frase, usada para expresar el hablar y tratar de cosas superfluas.

265 Una puya, de las que tanto solía hacer Valle-Inclán, contra Unamuno de quien era amigo y admirador, al igual que Unamuno de él.

266 Tras el gran desastre de Annual, en la guerra con Marruecos, en 1921, Manuel García Prieto, quien por pocos meses ya en 1917 y 1918, estuvo al frente del Gobierno, pasó a presidir un gobierno de concentración liberal fracasado, el cual abolió el general Primo de Rivera en su golpe de Estado y en connivencia con Alfonso XIII, en septiembre de 1923.

ferir esas blasfemias. Nuestro periódico sale inspirado por Don Manuel García Prieto[267]. Reconozco que no es un hombre brillante, que no es un orador, pero es un político serio. En fin, volvamos al caso de nuestro amigo Mala-Estrella. Yo podría telefonear a la secretaría particular del Ministro: Está en ella un muchacho que hizo aquí tribunales. Voy a pedir comunicación. ¡Válgame un santo de palo! Mala-Estrella es uno de los maestros, y merece alguna consideración. ¿Qué dejan esos caballeros para los chulos y los guapos? ¡La gentuza de navaja! ¿Mala-Estrella se hallaría como de costumbre?...

Don Latino. —Iluminado.

Don Filiberto. —¡Es deplorable!

Don Latino. —Hoy no pasaba de lo justo. Yo le acompañaba. ¡Cuente usted! ¡Amigos desde París[268]! ¿Usted conoce París? Yo fuí[269] a París con la Reina Doña Isabel. Escribí entonces en defensa de la Señora. Traduje algunos libros para la Casa Garnier. Fuí[270] redactor financiero de «La Lira Hispano Americana»: ¡Una gran revista![271] Y siempre mi seudónimo Latino de Hispalis.

---

267 Vinculado a García Prieto, el periódico de don Filiberto tendría un talante liberal como el que él expresa en su consideración por Max, aunque llamándole Mala-Estrella, y en su acogedor tratamiento de los bohemios, pese a como expresara el propio Max en la Escena anterior, mucha de la prensa estaba supedita a órganos del Poder, contra lo cual se arremete en la presente Escena, repito, continuando, la crítica a las Instituciones establecidas.

268 Frase que apunta a la vieja amistad que unía a Don Latino con Max Estrella.

269 *fui*

270 *Fui*

271 Don Latino, según evoca, presume de haber vivido ese periplo y trabajos en París de varios de los bohemios españoles de entre siglos, como lo hicieran Alejandro Sawa y los hermanos, Antonio y Manuel Machado, entre varios más, entre quienes se incluye Don Latino. Contamos con el libro *La bohemia española en París a fines de siglo*, de Isidoro Lapuya.

(Suena el timbre del teléfono. Don Filiberto, el periodista calvo y catarroso, el hombre lógico y mítico de todas las redacciones, pide comunicación con el Ministerio de Gobernación, Secretaría Particular. Hay un silencio. Luego murmullos, leves risas, algún chiste en voz baja. Dorio de Gádex se sienta en el sillón del Director, pone sobre la mesa sus botas rotas y lanza un suspiro.)

DORIO DE GADEX. —Voy a escribir el artículo de fondo, glosando el discurso de nuestro jefe: «¡Todas las fuerzas vivas del país están muertas!», exclamaba aun ayer en un magnífico arranque oratorio nuestro amigo el ilustre Marqués de Alhucemas. Y la Cámara, completamente subyugada, aplaudía la profundidad del concepto, no más profundo que aquel otro. «Ya se van alejando los escollos». Todos los cuales se resumen en el supremo apóstrofe: «Santiago y abre España, a la libertad y al progreso»[272].

(Don Filiberto suelta la trompetilla del teléfono, y viene al centro de la sala, cubriéndose la calva con las manos amarillas y entintadas: ¡Manos de esqueleto memorialista en el día bíblico del Juicio Final!)

DON FILIBERTO. —¡Esa broma es intolerable! ¡Baje usted los pies! ¡Dónde se ha visto igual grosería![273]

---

272 Paródico desenmascaramiento del tinglado entre la prensa y su manipulación por parte del gobierno, en esta acción de Dorio Gádex, asumiendo ser el editor y escribiendo la glosa del discurso de García Prieto, Márqués de Alhucemas, con su burla del «Santiago y cierra a España», grito proveniente desde la Reconquista, y la inversión que hace del «cerrar», tomado literalmente, contrapuesta a su uso retórico del gobernante. Cerrar, en la tradicional frase histórica, significaba lanzarse al ataque del enemigo. Otro ejemplo de cómo Valle-Inclán se vale del juego del lenguaje en su demoledora crítica de lo Establecido.
273 Explota, don Filiberto, perdida la paciencia con las chanzas,

Dorio de Gadex. —En el Senado Yanqui.

Don Filiberto. —¡Me ha llenado usted la carpeta de tierra!

Dorio de Gadex. —Es mi leccción[274] de filosofía. ¡Polvo eres, y en polvo te convertirás!

Don Filiberto. —¡Ni siquiera sabe usted decirlo en latín! ¡Son ustedes unos niños procaces!...

Clarinito.—Don Filiberto, nosotros no hemos faltado.

Don Filiberto. —Ustedes han celebrado la gracia, y la risa en este caso es otra procacidad. ¡La risa de lo que está muy por encima de ustedes! Para ustedes no hay nada respetable: ¡Maura es un charlatán!

Dorio de Gadex. —El Rey del Camelo[275]!

Don Filiberto. —¡Benlliure un santi boni barati![276]

Dorio de Gadex. —Dicho en valenciano.

Don Filiberto. —Cavestany, el gran poeta, un coplero[277].

Dorio de Gadex. —Profesor de guitarra por cifra[278].

Don Filiberto. —¡Qué de extraño tiene que mi ilustre jefe les parezca un mamarracho!

Dorio de Gadex. —Un yerno más[279].

---

modos y comportamiento del grupito de bohemios
274 *lección*
275 Camelo, alusivo, aquí, a engañoso y falso.
276 Según explica Joaquín del Valle-Inclán en su «Apéndice y glosario» tal frase es una deformación del italiano «santi, boniti, barati», pregón de vendedores de unos barros italianos muy populares.
277 Mariano Benlliure (1862-1947), famoso escultor y Juan Antonio Cavestany, (1861-1924), reconocido político y escritor, miembro de la Real Academia y senador vitalicio; ambos eran figuras del Establecimiento político-social y cultural, de ahí la burla de Dorio de Gádex, ya que los bohemios lo rechazaban considerándolo como parte de un burocrático y corrupto tinglado de «des-Gobierno».
278 Tanto don Filiberto, en tono admirativo, como Dorio de Gádex en el negativo, se refieren a lo que tuvo Cavestany de poeta, abocado a las coplas populares. De hecho, el discurso de su ingreso en la Real Academia versó sobre «La copla popular», el 23 de febrero de 1902
279 Apelativos muy populares, entonces, el de yerno y de yernocracia,

Don Filiberto. —Para ustedes en nuestra tierra no hay nada grande, nada digno de admiración. ¡Les compadezco! ¡Son ustedes bien desgraciados! ¡Ustedes no sienten la Patria!

Dorio de Gadex. —Es un lujo que no podemos permitirnos. Espere usted que tengamos automóvil, Don Filiberto.

Don Filiberto. —¡Ni siquiera pueden ustedes hablar en serio! Hay alguno de ustedes, de los que ustedes llaman maestros, que se atreve a gritar viva la bagatela[280]. ¡Y eso no en el café, no en la tertulia de amigos, sino en la tribuna de la Docta Casa! ¡Y eso no puede ser, caballeros! Ustedes no creen en nada: Son iconoclastas y son cínicos. Afortunadamente hay una juventud que no son ustedes, una juventud estudiosa, una juventud preocupada, una juventud llena de civismo.

Don Latino. —Protesto, si se refiere usted a los niños de la Acción Ciudadana. Siquiera estos modernistas, llamémosles golfos distinguidos, no han llegado a ser po-

---

alusivos a la corrupción administrativa del Sistema con su otorgar cargos y enchufes a familiares y amigos. En la edición Austral de 1987, de Alonso Zamora Vicente, en el Apéndice y glosario de Joaquín del Valle-Inclán, bajo **yerno**, tras explicar su uso, se incluye una copla, del tan popular Luis Tapia, alusiva a cuando García Prieto iba a subir a la jefatura del Gobierno en 1917: « ... el procedimiento eterno / de que yernos, hijos, tíos, / y primos formen Gobierno. / Y en efecto, amigos míos / hoy vendrá al poder ... un yerno / de Eugenio Montero Ríos» (*El Imparcial*, Madrid, 3-XI-917, p.1). Y señalando explícitamente el nombre de García Prieto, al día siguiente, continuaba con lo mismo: «García Prieto cuanto más se piensa / menos se explica el triunfo de este yerno». Tengamos en cuenta, que había libertad de prensa permitiendo tales críticas, y, en el caso de García Prieto, sí era verdadero yerno de don Eugenio Montero Ríos (1832-1914), famoso político liberal, desde los tiempos de Amadeo I, y muy dado al caciquismo. Sí debió aupar a su yerno en sus comienzos. Recordemos que para 1917 ya había fallecido.

280 Curiosamente, Don Filiberto implícitamente parece estar aludiendo a su autor, pues Valle-Inclán, en 1907, entró en el Ateneo clamando «¡Viva la bagatela!», título de la conferencia que iba a dar.

licías honorarios. A cada cual lo suyo. ¿Y parece ser que esta tarde mataron a uno de esos pollos de gabardina?[281] ¿Usted tendrá noticias?

DON FILIBERTO. —Era un pollo relativo. Sesenta años[282].

DON LATINO. —Bueno, pues que lo entierren. ¡Que haya un cadáver más, solo importa a la funeraria![283]

(Rompe a sonar el timbre del teléfono. Don Filiberto toma la trompetilla y comienza una pantomima de cabeceos, apartes y gritos. Mientras escucha con el cuello torcido y la trompetilla en la oreja, esparce la mirada por la sala, vigilando a los jóvenes modernistas. Al colgar la trompetilla tiene una expresión candorosa de conciencia honrada. Re-

---

281 Volvemos a la Escena 3, cuando La Pisa Bien alegara que, en la revuelta, «habían dado mulé» a alguno de los de Acción Ciudadana, con Don Latino, ahora, precisando que habían matado a uno de esos «policías honorarios» y «pollos de gabardina», alusiva a lo de ser «señoritos», de dicha Organización. La cual tenía lo suyo de antecedente de los jóvenes, con o sin gabardina, de José Antonio Primo de Rivera y sus falangistas a comienzos de los años 30. Recordemos el dicho de Jose Antonio sobre la «la dialéctica de las pistolas», (convertida poco después en la de las bombas y los asesinatos masivos de la guerra civil) de las cuales se valían ya los jóvenes de Acción Ciudadana.

282 La respuesta de don Filiberto a lo mencionado por Don Latino, apunta a un hecho histórico real, sucedido durante la gran huelga de la fábrica de galletas La Fortuna. El muerto, al que se refieren, asesinado por sujetos ajenos a la huelga, fue Ramón Pérez Muñoz, profesor de la Escuela de Minas y miembro de la Organización, el día 9 de abril de 1920; tal dato, apunta a poder señalar el día en que trascurre la acción de *Luces de Bohemia* hasta la escena doce, el 9 de abril de 1920, y con el amanecer del día siguiente. Ramón Pérez Muñoz tenía 50 años y no los 60 que declara don Filiberto.

283 A propósito de tal hecho real, Don Latino, y siguiendo con las literatizaciones, hace un juego con el verso final de Espronceda en «Canto a Teresa», del *El Diablo Mundo*: «Que haya un cadáver más ¿qué importa al mundo?». Recordemos la gran admiración que tenia Valle-Inclán por Espronceda como poeta y como persona, quien en el exilio en Francia e Inglaterra sí vivió aventuras parecidas a las que contaba Valle-Inclán sobre si mismo, vividas en su imaginación.

aparece el teósofo, en su sonrisa plácida, en el marfil de sus sienes, en toda la ancha redondez de su calva.)

Don Filiberto. —Ya está transmitida la orden de poner en libertad a nuestro amigo Estrella[284]. Aconséjenle ustedes que no beba. Tiene talento. Puede hacer mucho más de lo que hace. Y ahora váyanse y déjenme trabajar. Tengo que hacerme solo todo el periódico.

---

284 Nótese que, puesto en libertad, le designa, tan solo, con su fulgurante apellido, Estrella. El episodio dramático de la detención, prisión y puesta de libertad de Max Estrella, al igual que tantas de las otras instancias de la obra, se le puede relacionar con un referente histórico real. En este caso, en mayo de 1917, el de la confrontación de un grupo de ateneístas, entre quienes se encontraba Valle-Inclán, con una manifestación de un grupo de germanófilos, a la puerta del Ateneo. Un teniente detuvo al prestigioso catedrático del Instituto de Segovia, Antonio Jaez Moreno por «desacato a la autoridad» y fue llevado por dos guardias a la Comisaría del Congreso (recordemos que una pareja de guindillas, asimismo, llevaron detenido a Max Estrella). Valle-Inclán, Sánchez Ocaña y Luis Bello telefonearon al ministro de Gobernación, Julio Burell, (a quien se le suele identificar como un trasunto del Ministro en *Luces de bohemia*) y Antonio Jaez fue puesto en libertad. Trató de esto el artículo «Los germanófilos contra el Ateneo», *El País*, 23-V-1917. 1. Dicho episodio, en su duración de tiempo, casi coincide con el de Max Estrella, pues Antonio Jaez Moreno fue detenido a las 10 de la noche y liberado a las 5 de la madrugada, hora a la que moriría el libertado Max Estrella.

Escena Octava

(SECRETARIA PARTICULAR DE SU EXCELENCIA. Olor de brevas habanas[285], malos cuadros, lujo aparente y provinciano. La estancia tiene un recuerdo partido por medio, de oficina y sala de círculo con timba. De repente el grillo del teléfono se orina en el gran regazo burocrático. Y Dieguito García -Don Diego del Corral, en la Revista de Tribunales y Estrados- pega tres brincos y se planta la trompetilla en la oreja.)

Dieguito. —¿Con quién hablo?

....

Ya he transmitido la orden para que se le ponga en libertad.

....

¡De nada! ¡De nada!

....

¡Un alcohólico!

....

Sí... Conozco su obra.

---

285 Cigarros puros procedentes de Cuba. Esta acotación, con su valor metafórico literario, ofrece una desoladora, esperpéntica, descripción de la Secretaria de su «Excelencia», vista, más bien, como una timba o casa de juego, nocturna, aludiendo a la corrupción gubernamental sobre la cual, como un perro alzando la pata, se orina el teléfono, en una imagen que podría considerarse afín a las greguerías de Gómez de la Serna y a las del ultraísmo, repito. Se continua, en la Escena, la denuncia que, desde la Cuarta, se ha venido haciendo de las represivas Instituciones del desGobierno de España de por las fechas en que se escribe la obra.

....
¡Una desgracia!
....
No podrá ser. ¡Aquí estamos sin un cuarto![286]
....
Se lo diré. Tomo nota.
....
¡De nada! ¡De nada!

(Max Estrella aparece en la puerta, pálido, arañado, la corbata torcida, la expresión altanera y alocada[287]. Detrás, abotonándose los calzones, aparece el ujier.)

EL UJIER. —Deténgase usted, caballero.
MAX. —No me ponga usted la mano encima.
EL UJIER. —Salga usted sin hacer desacato.
MAX. —Anúncieme usted al Ministro.
EL UJIER. —No está visible.
MAX. —¡Ah! Es usted un gran lógico. Pero estará audible.
EL UJIER. —Retírese, caballero. Estas no son horas de audiencia.
MAX. —Anúncieme usted.
EL UJIER. —Es la orden... Y no vale ponerse pelmazo, caballero.

---

286 Sin dinero.
287 La altanería de Max Estrella, por haber sido detenido, golpeado, encarcelado, y sentido lo sufrido por el prisionero catalán, se tiñe ahora de alocamiento colérico, con lo suyo de quijotesco, en su arrolladora entrada de protesta en el Ministerio de des-Gobernación. En el peri-patético, esperpéntico, descender a la cueva/fosa final, el quijotesco Max «Mala Estrella» va afirmándose como luciente «Estrella» enfrentando, y denunciado, los corruptos y represivos desafueros del orden-desorden establecido en plena descomposición.

Dieguito. —Fernández, deje usted a ese caballero que pase.
Max. —¡Al fin doy con un indígena civilizado!
Dieguito. —Amigo Mala-Estrella[288], usted perdonará que sólo un momento me ponga a sus órdenes. Me habló por usted la Redacción de «El Popular». Allí le quieren a usted. A usted le quieren y le admiran en todas partes. Usted me deja mandado aquí y donde sea. No me olvide... ¡Quién sabe!... Yo tengo la nostalgia del periodismo... Pienso hacer algo... Hace tiempo acaricio la idea de una hoja volandera, un periódico ligero, festivo, espuma de champaña, fuego de virutas. Cuento con usted. Adiós, maestro. ¡Deploro que la ocasión de conocernos haya venido de suceso tan desagradable!
Max. —De eso vengo a protestar. ¡Tienen ustedes una policía reclutada entre la canalla, más canalla!
Dieguito. —Hay de todo, maestro.
Max. —No discutamos. Quiero que el Ministro me oiga, y al mismo tiempo darle las gracias por mi libertad.
Dieguito. —El Señor Ministro no sabe nada.
Max. —Lo sabrá por mí.
Dieguito. —El Señor Ministro ahora trabaja. Sin embargo, voy a entrar.
Max. —Y yo con usted.
Dieguito. —¡Imposible!
Max. —¡Daré un escándalo!

---

288 Vemos que se le sigue designando a Máximo Estrella, con el seudónimo que él mismo diera al ser detenido, Mala-Estrella, alusivo a la postergación a la que se ve reducido, aunque el propio «Dieguito», como los del «Parnaso Modernista», también, le trata de «maestro», brillante, pero marginado a la miseria, como al final reconocerá el ministro, por el vil materialismo de la sociedad reinante.

Dieguito. —¡Está usted loco!
Max. —Loco de verme desconocido y negado. El Ministro es amigo mío, amigo de los tiempos heroicos. ¡Quiero oírle decir que no me conoce! ¡Paco! ¡Paco!
Dieguito. —Le anunciaré a usted.
Max. —Yo me basto. ¡Paco! ¡Paco! ¡Soy un espectro del pasado!

(Su Excelencia abre la puerta de su despacho, y asoma en mangas de camisa, la bragueta desabrochada, el chaleco suelto, y los quevedos[289] *pendientes de un cordón, como dos ojos absurdos bailándole sobre la panza.)*[290]

El Ministro. —¿Qué escándalo es éste, Dieguito?
Dieguito. —Señor Ministro, no he podido evitarlo.
El Ministro. —¿Y ese hombre quién es?
Max. —¡Un amigo de los tiempos heroicos! ¡No me reco-

---

[289] Quevedos, gafas sin patillas que se sostienen sobre la nariz.
[290] A pesar de esta distorsión esperpéntica del Ministro, muy en función de la crítica político-social de la pieza, y, dentro de las paradojas tan de Valle-Inclán, se ha visto, en este ministro, un trasunto de la figura de quien fuera uno de los destacados bohemios históricos, Julio Burell (1858-1919), renombrado periodista, ensayista y literato, pasado a la política. De ser así, ya fallecido, sería otro muerto vivo, como el posterior Rubén Darío, que aparecen en la pieza y junto a otros vivos muertos, los representantes del desOrden establecido, entre quienes, también, se cuenta. De Julio Burell, Alejandro Sawa diría en sus *Iluminaciones en la sombra*: «Ese, a pesar de de su edad todavía moza, es el Gran Condestable de la Prensa Española» 149). Ya mencioné su tan celebrado corto relato «Cristo en Forrros». En su posterior ingreso en la política, en 1917 era el Ministro de Gobernación, anteriormente había sido Ministro de Instrucción Pública y Bellas Artes y quien diera a Valle-Inclán su puesto de profesor de Estética de Bellas Artes. Habría, pues, a pesar de tono burlón y crítica del Sistema, en esta evocación de la pasada amistad entre Max y el Ministro, un fondo histórico, con Max ocupando el puesto de su autor. Como en toda la pieza, en la presente instancia, la relación entre ficción y realidad histórica está presente.

noces, Paco! ¡Tanto me ha cambiado la vida! ¡No me reconoces! ¡Soy Máximo Estrella!

EL MINISTRO. —¡Claro! ¡Claro! ¡Claro! ¿Pero estás ciego?[291]

MAX. —Como Homero y como Belisario[292].

EL MINISTRO. —Una ceguera accidental, supongo...

MAX. —Definitiva e irrevocable. Es el regalo de Venus[293].

EL MINISTRO. —Válgate Dios. ¿Y cómo no te has acordado de venir a verme antes de ahora? Apenas leo tu firma en los periódicos.

MAX. —¡Vivo olvidado! Tú has sido un vidente dejando las letras por hacernos felices gobernando. Paco, las le-

---

[291] Volvemos en la conversación a la forma coloquial correspondiente al logos, y con el recuerdo de la amistad de los dos interlocutores añorando sus dias de universitarios y jóvenes bohemios.

[292] Recordemos lo que Valle-Inclán dijera en una conversación con Martínez Sierra en 1930: «La ceguera es bella y noble en Homero. Pero en *Luces de Bohemia* es triste y lamentable, porque se trata de un poeta bohemio: de Max Estrella». Se puede discrepar, sin embargo, de esta frase del autor sobre su personaje, pues en su ceguera tiene «visiones» de belleza, y un gran sentido de nobleza en su estremecida solidaridad con los ultrajados como hemos visto en la Escena en el calabozo y veremos en la Undécima. Dicho esto, y como expresa en su frase, hay en ella, frente a la burocratización y corrupción oficial, una loa a los ideales de la caduca bohemia. La alusión a Belisario, asimismo, viene bien en relación con Max, pues, aunque fuera un general bizantino, murió ciego y en la miseria. Curiosamente, lo dicho por Max Estrella sobre su ceguera, ya lo había expresado Rubén Darío sobre Alejandro Sawa en el prólogo a *Iluminaciones en la sombra*: «fue ciego como Homero y como Belisario», 70-71. Continuado con las literatizaciones, tal frase proviene de un verso del admirado Víctor Hugo, con quien se asocia a Max Estrella, como precisa Luis Iglesias Feijoo en la nota 4 de la Escena en su edición de *Luces de bohemia*, y con la reproducción del primer verso de un cuarteto dedicado al brigadier Millot, del ejército de Napoleón, donde se encuentra tal frase: «Aveugle comme Homère et Bélisaire».

[293] Frase irónica, pues con tal regalo de la Diosa del Amor, se alude a la sífilis, causa de la ceguera de Max; un regalo, al que estuvieron tanto expuestos los bohemios en su relación con las prostitutas, y el que, también, recibiera Baudelaire.

tras no dan para comer. ¡Las letras son colorín, pingajo y hambre!²⁹⁴

El Ministro. —Las letras, ciertamente, no tienen la consideración que debieran, pero son ya un valor que se cotiza. Amigo Max, yo voy a continuar trabajando. A este pollo le dejas una nota de lo que deseas... Llegas ya un poco tarde.

Max. —Llego en mi hora. No vengo a pedir nada. Vengo a exigir una satisfacción y un castigo. Soy ciego, me llaman poeta, vivo de hacer versos y vivo miserable. Estás pensando que soy un borracho. ¡Afortunadamente! Si no fuese un borracho ya me hubiera pegado un tiro²⁹⁵. ¡Paco, tus sicarios no tienen derecho a escupirme y abofetearme, y vengo a pedir un castigo para esa turba de miserables, y un desagravio a la Diosa Minerva!²⁹⁶

El Ministro. —Amigo Max, yo no estoy enterado de nada. ¿Qué ha pasado, Dieguito?

Dieguito. —Como hay un poco de tumulto callejero, y no se consienten grupos, y estaba algo excitado el maestro...

Max. —He sido injustamente detenido, inquisitorialmente torturado. En las muñecas tengo las señales.

---

294   Se cita mucho dicha frase, la cual causa impacto en las representaciones de la obra, por lo que resume de la situación de las letras, aunque, y como apunta, el ministro para los escritores profesionales, con éxito, ya las letras comenzaban a ser un «un valor cotizable», como llegarían a ser, con sus altibajos, para el propio Valle-Inclán, para Azorín, Baroja y otros escritores de las siguientes generaciones.

295   Como he tratado en la Introducción, la referencia a la ingerencia del alcohol como salvaguarda ante el suicidio, nos remite a ese significado simbólico de las libaciones de vino y ajenjo de los bohemios, en la estela de Poe, Baudelaire y Verlaine, en aras del dios Baco, y con la aspiración de sobreponerse a las estreches, angustias y represiones vividas en la filistea y opresora sociedad burguesa.

296   Minerva, la diosa del arte y la sabiduría, a la que se acoge Máximo Estrella y frente al Dios Dinero.

El Ministro. —¿Qué parte han dado los guardias, Dieguito?

Dieguito. —En puridad, lo que acabo de resumir al Señor Ministro.

Max. —¡Pues es mentira! He sido detenido por la arbitrariedad de un legionario, a quien pregunté ingenuo, si sabía los cuatro dialectos griegos.

El Ministro. —Real y verdaderamente la pregunta es arbitraria. ¡Suponerle a un guardia tan altas Humanidades!

Max. —Era un teniente.

El Ministro. —Como si fuese un Capitán General. ¡No estás sin ninguna culpa! ¡Eres siempre el mismo calvatrueno[297]! ¡Para ti no pasan los años! ¡Ay, cómo envidio tu eterno buen humor!

Max. —¡Para mí, siempre es de noche! Hace un año que estoy ciego. Dicto y mi mujer escribe, pero no es posible.

El Ministro. —¿Tu mujer es francesa?

Max. —Una santa del Cielo, que escribe el español con una ortografía del Infierno. Tengo que dictarle letra por letra[298]. Las ideas se me desvanecen. ¡Un tormento! Si hubiera pan en mi casa, maldito si me apenaba la ceguera. El ciego se entera mejor de las cosas del mundo, los ojos son unos ilusionados embusteros. ¡Adiós, Paco!

---

297 Calvatrueno, «hombre alocado, atronado» (DRAE), otra indirecta alusión al quijotismo del bohemio Max

298 Vemos, aquí, como al principio de *Luces de Bohemia*, una alusión que, asimismo, se puede relacionar con la esposa francesa de Sawa, quien, cuando este cayó ciego, escribía lo que él iba dictando y con sus expresiones afrancesadas, según se trasluce con la esposa de Max como él declara. Lo de «Una santa del cielo», igualmente se corresponde a como era llamada Jeanne Poirier, la esposa de Sawa, «Santa Juana».

Conste que no he venido a pedirte ningún favor. Max Estrella no es el pobrete molesto.

El Ministro. —Espera, no te vayas, Máximo. Ya que has venido, hablemos[299]. Tú resucitas toda una época de mi vida, acaso la mejor. ¡Qué lejana! Estudiábamos juntos. Vivíais en la calle del Recuerdo. Tenías una hermana. De tu hermana anduve yo enamorado. ¡Por ella hice versos!

Max.—

¡Calle del Recuerdo,
Ventana de Helena,
La niña morena
Que asomada ví!
¡Calle del Recuerdo
Rondalla de tuna,
Y escala de luna
Que en ella prendí!

El Ministro. —¡Qué memoria la tuya! ¡Me dejas maravillado! ¿Qué fué de tu hermana?

Max. —Entró en un convento.

El Ministro. —¿Y tu hermano Alex?[300]

Max. —¡Murió!

El Ministro. —¿Y los otros? ¡Erais muchos!

---

299 A pesar de las trazas esperpénticas del ministro y de su des-quehacer oficial, hay en esta parte del encuentro un conmovedor fondo de recuerdos y amistad. En la película, tras «hablemos», esto se manifiesta muy visible en la actuación de dos grande actores Francisco Rabal (Max Estrella) y Fernando Fernán Gómez (el Ministro).

300 Alex, era el nombre familiar de Alejandro Sawa. Es de notar, y muy significativo, que quien se proyecta tanto sobre la vida de Max Estrella aparezca mencionado como su hermano y ya fallecido; lo cual contradice lo que sostiene alguna crítica de que Max Estrella es una personificación teatral de Alejandro Sawa.

Max. —¡Creo que todos han muerto!

El Ministro. —¡No has cambiado!... Max, yo no quiero herir tu delicadeza, pero en tanto dure aquí, puedo darte un sueldo.

Max. —¡Gracias!

El Ministro. —¿Aceptas?

Max. —¡Qué remedio[301]!

El Ministro. —Tome usted nota, Dieguito. ¿Dónde vives, Max?

Max. —Dispóngase usted a escribir largo, joven maestro:- Bastardillos, veintitrés, duplicado, Escalera interior, Guardilla B.-Nota. Si en este laberinto hiciese falta un hilo para guiarse, no se le pida a la portera, porque muerde[302].

El Ministro. —¡Cómo te envidio el humor!

Max. —El mundo es mío, todo me sonríe, soy un hombre sin penas.

El Ministro. —¡Te envidio!

Max. —¡Paco, no seas majadero!

El Ministro. —Max, todos los meses te llevarán el haber a tu casa. ¡Ahora, adiós! ¡Dame un abrazo!

Max. —Toma un dedo, y no te enternezcas.

---

301 Según ya se trasluce en este breve intercambio, en varias de las representaciones teatrales, y en la película, se enfatiza la delicadeza de ambos personajes en el trámite de este poco digestible acto de asignar y dar dinero al incorrupto Máximo Estrella, quien había venido a no pedir nada para él y sí justicia frente a la agresión policiaca sufrida. Como vemos, a continuación, Max se siente avergonzado de aceptarlo, y se repudia a sí mismo.

302 El hablar, y con sorna, criticando a las porteras, era algo bastante común en el Madrid de fines del siglo XIX, cuando se habían generalizaron las casas con porterías, como menciona Manuel Matoses en su irónico artículo sobre su tipo, «La portera», recogido en el libro *Madrid por dentro y por fuera*. Tales porteras aparecen en las escenas 12 y 13 de esta obra y en la parecida casa de corredor en la última novela de Valle-Inclán, el *Trueno dorado*.

El Ministro. —¡Adiós, Genio y Desorden!

Max. —Conste que he venido a pedir un desagravio para mi dignidad, y un castigo para unos canallas. Conste que no alcanzo ninguna de las dos cosas, y que me das dinero, y que lo acepto porque soy un canalla[303]. No me estaba permitido irme del mundo, sin haber tocado alguna vez el fondo de los Reptiles[304]. ¡Me he ganado los brazos de Su Excelencia!

(Máximo Estrella con los brazos abiertos en cruz, la cabeza erguida, los ojos parados, trágicos en su ciega quietud,

---

303 Esta frase de Max, el héroe caído, algunos críticos y editores recientes de *Luces de bohemia,* la usan para asumir que deviene un canalla; nada más lejos, de quien ha devenido uno de los más memorables personajes de la historia de la literatura y del teatro español, Más que verle como un canalla, según él mismo se define, a lo largo de lo que hemos visto a través de la obra, sentimos empatía por él y haciéndose su dolorosa autocrítica, en varias de las Escenas. Aun en el posterior abrazo, y con Max con los brazos como en la cruz, por lo que está aceptando, tiene un emotivo sentido de la nostalgia del mundo de una común rebeldía artística y juvenil. Aunque al ministro se le sigue describiendo grotescamente, «tripudo, repintado, mantecoso», ahora le brota una lágrima, humanizándole. Esta escena del «yernismo», queda bastante superada por el colofón final del diálogo de ministro con su secretario, el Ministro evocando nostálgicamente, y ante su situación presente, los tiempos de los del «ensueño» de la vida bohemia, en la que tanto destacara su amigo Max Estrella, y a la luz de su apellido: una nostalgia, volviendo a las referencias históricas reales, del propio Valle-Inclán, que podemos sentir en lo elegiaco de la pieza, por las pérdidas «luces de bohemia», en el tiempo que la escribe. En tal respecto, vendría bien volver a citar aquello que diría Julio Caro Baroja de que «Desde mil ochocientos noventa y tantos a la fecha de su muerte, fue Valle-Inclán, el símbolo de la vieja bohemia, un símbolo estilizado y perfecto ... ».

304 Expresión alusiva a los fondos de reservas del presupuesto gubernamental para fines ocultos, de sobornos, en especial, para controlar la prensa, como se aludió en la Escena anterior. Aceptando tales «fondos», se sigue acentuado la caída, no de un canalla, sino de una gloria literaria empujada a la miseria por el vil materialismo reinante. De aquí lo que conmueve su patética caída a quienes leemos, o asisten a las representaciones de *Luces de bohemia*, y de ningún modo sentimos o pensamos que se esté encanallando.

avanza como un fantasma. Su Excelencia, tripudo, repintado, mantecoso, responde con un arranque de cómico viejo, en el buen melodrama francés. Se abrazan los dos. Su Excelencia al separarse, tiene una lágrima detenida en los párpados. Estrecha la mano del bohemio, y deja en ella algunos billetes.)

El Ministro. —¡Adiós! ¡Adiós! Créeme que no olvidaré este momento.
Max. —¡Adiós, Paco! ¡Gracias en nombre de dos pobres mujeres!

(Su Excelencia toca un timbre. El ujier acude soñoliento. Máximo Estrella tanteando con el palo, va derecho hacia el fondo de la estancia, donde hay un balcón.)

El Ministro. —Fernández, acompañe usted a ese caballero, y déjele en un coche.
Max. —Seguramente que me espera en la puerta mi perro.
El Ujier. —Quien le espera a usted es un sujeto de edad, en la antesala.
Max. —Don Latino de Hispalis: Mi perro.

(El ujier toma de la manga al bohemio: Con aire torpón le saca del despacho, y guipa al soslayo el gesto de Su Excelencia. Aquel gesto manido de actor de carácter en la gran escena del reconocimiento.)

El Ministro. —¡Querido Dieguito, ahí tiene usted un hombre a quien le ha faltado el resorte de la voluntad!

Lo tuvo todo, figura, palabra, gracejo. Su charla cambiaba de colores como las llamas de un ponche.

Dieguito. —¡Qué imagen soberbia!

El Ministro. —¡Sin duda, era el que más valía entre los de mi tiempo!

Dieguito. —Pues véalo usted ahora en medio del arroyo, oliendo a aguardiente, y saludando en francés a las proxenetas.

El Ministro. —¡Veinte años! ¡Una vida! ¡E inopinadamente, reaparece ese espectro de la bohemia! Yo me salvé del desastre renunciando al goce de hacer versos. Dieguito, usted de esto no sabe nada, porque usted no ha nacido poeta.

Dieguito. —¡Lagarto! ¡Lagarto!

El Ministro. —¡Ay, Dieguito, usted no alcanzará nunca lo que son ilusión y bohemia! Usted ha nacido institucionista, usted no es un renegado del mundo del ensueño. ¡Yo sí!

Dieguito. —¿Lo lamenta usted, Don Francisco?

El Ministro. —Creo que lo lamento.

Dieguito. —¿El Excelentísimo Señor Ministro de la Gobernación, se cambiaría por el poeta Mala-Estrella?

El Ministro. —¡Ya se ha puesto la toga y los vuelillos el Señor Licenciado Don Diego del Corral! Suspenda un momento el interrogatorio su señoría, y vaya pensando cómo se justifican las pesetas que hemos de darle a Máximo Estrella.

Dieguito. —Las tomaremos de los fondos de Policía.

El Ministro. —¡Eironeia![305]

---

[305] Y sí hay una justa ironía (y dicha en griego por el ministro, contrario a la ignorancia del burdo capitán o teniente que detuvo a Max), en este caso de «yernismo», y con lo que la dieta que se

(Su Excelencia se hunde en una poltrona, ante la chimenea que aventa sobre la alfombra una claridad trémula. Enciende un cigarro con sortija, y pide La Gaceta. Cabálgase los lentes, le pasa la vista, se hace un gorro, y se duerme.)

---

concede al ilustre literato en la miseria, esté «sacada de los fondos de la Policía». Ya vimos que, Max, y muy justamente, llegó a protestar por los atropellos de la policía, sufridos por él mismo. Por otra parte, en diversos países europeos, se pasaban dietas a escritores de renombre, como lo fuera Máximo Estrella, caídos, y hacía el final de sus vidas, en la pobreza. Se dio con Verlaine en Francia, y el gobierno de la II República asignó una pensión al envejecido Francisco Villaespesa, tan empobrecido, a pesar de haber ganado tanto dinero con sus dramas, para que pudiera tener una vejez decorosa, según evoca Cansinos Asséns en *La novela de un literario* 3. pp. 308-310.

Escena Novena

(UN CAFE que prolongan empañados espejos. Mesas de mármol. Divanes rojos. El mostrador en el fondo, y detrás un vejete rubiales, destacado el busto sobre la diversa botillería. El Café tiene piano y violín. Las sombras y la música flotan en el vaho de humo, y en el lívido temblor de los arcos voltaicos. Los espejos multiplicadores están llenos de un interés folletinesco, en su fondo, con una geometría absurda estravaga[306] el Café. El compás canalla de la música, las luces en el fondo de los espejos, el vaho de humo penetrado del temblor de los arcos voltaicos, cifran su diversidad en una sola expresión. Entran extraños, y son de repente transfigurados en aquel triple ritmo, Mala-Estrella y Don Latino.)

Max. —¿Qué tierra pisamos?
Don Latino. —El Café Colón[307].

---

306 *extravaga*
307 Este Café, y por lo que se desprende de su descripción y el diálogo que oímos podría identificarse como el Colonial, en plena Puerta del Sol. Curiosamente Jorge Luis Borges nos lo describió en forma que remite tanto a *Luces de bohemia*; a lo que se vive en esta escena y como anunciando ya lo de los espejos cóncavos: « ... Garfias me llevó al cenáculo de Cansinos en el Colonial, que es un café lleno de luces y espejos que lo ensanchan, que lo hacen infinito, que multiplican las panojas de luces de oro, que fructifican los racimos de rostros, que le dan algo de laberinto, algo de estar en el centro del universo, a partir de las neblinas de la prehistoria y marchar a venideras auroras», en el libro de Alejandro Vaccano, *Borges. Vida y literatura*. La cita se recoge en *Diccionario de Bohemia*, de José Esteban, pág. 153. Recordemos, y como ya se señala con la mención a Pedro Garfias, que Borges estuvo con los ultraístas en Madrid y en Sevilla, y, como ellos, y Valle-Inclán, aspirara a lo de «ser bolcheviques», según se desprendía de su poema «Rusia», publicado en el número 48 de la revista *Grecia*.

Max. —Mira si está Rubén. Suele ponerse enfrente de los músicos.

Don Latino. —Allá está como un cerdo triste.

Max. —Vamos a su lado, Latino. Muerto yo, el cetro de la poesía pasa a ese negro[308].

Don Latino. —No me encargues de ser tu testamentario.

Max. —¡Es un gran poeta!

Don Latino. —Yo no lo entiendo.

Max. —¡Merecías ser el barbero de Maura!

(Por entre sillas y mármoles llegan al rincón donde está sentado y silencioso Rubén Darío. Ante aquella aparición, el poeta siente la amargura de la vida, y con gesto egoísta de niño enfadado, cierra los ojos, y bebe un sorbo de su copa de ajenjo[309]. Finalmente, su máscara de ídolo se anima con una sonrisa cargada de humedad. El ciego se detiene ante la mesa y levanta su brazo, con magno ademán de estatua cesárea[310].)

---

308 «Cerdo Triste», «Indio», «Negro», así se le designaba, en ocasiones, al gran Rubén Darío, con ese punto de prejuicios raciales que han lastrado nuestra lengua por siglos, aunque, en casos como aquí, se usan tales adjetivos con tono admirativo y afectivo. Ya Baroja, mas de veinte años antes, en *Silvestre Paradox*, había escrito: «... era un poeta notable (Rubén Darío), hombre callado, cara de cerdo triste». Parece que ´tal expresión estaba generalizada, y, según advirtió Zamora Vicente, hasta aparecía en carta que Josefina Blanco, esposa de Valle-Inclán, envío, en francés a Juana Portier, esposa de Alejandro Sawa. Traducida decía así: «Santa amiga, es preciso esperar más algunos días. Todo va bien por ahora. La dirección del cerdo triste acabo de conocerla ahora. Es ésta: Claudio Coello 60 ... » («Tras las huellas de Alejandro Sawa»)

309 El ajenjo era bebida favorita de los bohemios y modernistas. Tenemos múltiples poemas dedicados a él. En *Antología* de la poesía bohemia, recogí dos de ellos: «Bebedor de ajenjo,» de Mauricio Bacarisse y «Ajenjo», de Luis de Oteyza. Juan Ramón Jiménez cerraba su poema «Bohemia» de *Luchas*, con esto versos: «Callamos y seguimos apurando / el opio del ajenjo, / hasta que al fin, de codos en la mesa, nos quedamos durmiendo».

310 Ha recobrado Max Estrella, y para esta Escena de amistad, su altiva presencia y elocuente Lenguaje ceremonioso.

Max. —¡Salud hermano, si menor en años, mayor en prez!
Rubén. —¡Admirable! ¡Cuánto tiempo sin vernos[311], Max! ¿Qué haces?
Max. —¡Nada!
Rubén. —¡Admirable[312]! ¿Nunca vienes por aquí?
Max. —El café es un lujo muy caro, y me dedico a la taberna, mientras llega la muerte.
Rubén. —Max, amemos la vida, y mientras podamos, olvidemos a la Dama de Luto.
Max. —¿Por qué?
Rubén. —¡No hablemos de Ella!
Max. —¡Tú la temes, y yo la cortejo! Rubén, te llevaré el mensaje que te plazca darme para la otra ribera de la Estigia[313]. Vengo aquí para estrecharte por última vez la mano, guiado por el ilustre camello Don Latino de Hispalis. ¡Un hombre que desprecia tu poesía, como si fuese Académico!

---

311 Nuevamente, y en la «angostura del tiempo» de que se vale a Valle-Inclán. Se juntan, en esta noche entre el 9 y el 10 de abril de 1920, a Rubén Darío, fallecido cinco años ha, con Max Estrella y, remitiéndonos a principios de siglo, a las tertulias de Rubén con Alejandro Sawa, en París y en Madrid, y, asimismo, con el propio Valle-Inclán, en Madrid, donde tanto convivieron y se admiraron el uno al otro, según encontramos en textos de ambos. De aquí, el aura luminosa de la Escena, en medio, de las anteriores, y las por venir, tan dominadas por la oscuridad de luces y de moral; un intermedio encumbrador, antecediendo la caída final de Max Estrella. Aunque, también, se ha interpretado está cena con el paralelo evangélico de ser la «última cena» de su vía crucis. El propio Max anuncia que ya está aguardando a la muerte.
312 Admirable, era un latiguillo de Rubén Darío, muy repetido por quienes le evocan, y repercutiendo sobre lo tan extremadamente admirable que era él como poeta.
313 Laguna que, en la mitología griega, cruzaba la barca de Caronte para llegar al país de los muertos, lugar donde ya hacía tiempo que Rubén Darío, en la vida real, se albergaba llevado allí por «la Dama de luto» de la que, aquí, dice no querer hablar de ella, y a la que tanto rechazara.

Don Latino. —¡Querido Max, no te pongas estupendo[314]!
Rubén. —¿El señor es Don Latino de Hispalis?
Don Latino. —¡Si nos conocemos de antiguo, maestro! ¡Han pasado muchos años! ¡Hemos hecho juntos periodismo en «La Lira Hispano-Americana».
Rubén. —Tengo poca memoria, Don Latino.
Don Latino. —Yo era el redactor financiero. En París nos tuteábamos, Rubén.
Rubén. —Lo había olvidado.
Max. —¡Si no has estado nunca en París!
Don Latino. —Querido Max, vuelvo a decirte que no te pongas estupendo. Siéntate e invítanos a cenar. ¡Rubén, hoy este gran poeta nuestro amigo, se llama Estrella Resplandeciente!
Rubén. —¡Admirable! ¡Max, es preciso huir de la bohemia[315]!

---

314 Eufemismo por no decir «estúpido».
315 Una actitud, la de huir de la bohemia, que irían asumiendo, y ya desde comienzos del siglo XX, escritores profesionales de relieve, quienes había estado cercano a los bohemios, tales como el propio Rubén Darío, Azorín Baroja, Ramiro de Maeztu, los hermanos Machado y, por tales fechas, el propio Valle-Inclán, aunque él no en su memoria, y en mucho de su personalidad, donde, entrañablemente, mantuvo las «luces» de la bohemia. Aunque, corroborando tal alejamiento, de una visita que le hizo Juan Ramón Jiménez hacia 1920, leemos: «Dice que él es, de alma, otro Espronceda: que estuvo a punto de perderse, como Villaespesa, en una bohemia trashumante, fácil, inconsciente, pero que Espronceda, con su duro españolismo general, lo salvó del D`Annunzio peor»; conversación evocada en el ensayo «Ramón del Valle-Inclán (Castillo de Quema) 1899-1925», recogido en *Ramón del Valle-Inclán. El escritor y la crítica*. La frase citada se encuentra en la página 50; frase que añade nueva dimensión a la cuestión del Valle-Inclán, ¿Bohemio o no? Por supuesto, que, por aquellas fechas, Valle-Inclán, tan atenido a sus escritos, pasaba bastante tiempo viviendo holgadamente en la finca «La Merced», en su Galicia nativa, y, también, en Madrid, bien acomodado, con esposa, varios hijo e hijas, y lo que iba ganando con sus obras anteriores, su vida tenía poco de bohemia, aunque sí, mucho de ella la vertía gestando y escribiendo *Luces de bohemia*.

Don Latino. —¡Está opulento! ¡Guarda dos pápiros[316] de piel de contribuyente!

Max. —¡Esta tarde tuve que empeñar la capa, y esta noche te convido a cenar[317]. ¡A cenar con el rubio Champaña, Rubén!

Rubén. —¡Admirable! Como Martín de Tours[318], partes conmigo la capa, transmudada en cena. ¡Admirable!

Don Latino. —¡Mozo, la carta! Me parece un poco exagerado pedir vinos franceses. ¡Hay que pensar en el mañana, caballeros!

Max. —¡No pensemos!

Don Latino. —Compartiría tu opinión, si con el café, la copa y el puro nos tomásemos un veneno.

Max. —¡Miserable burgués!

Don Latino. —Querido Max, hagamos un trato. Yo me bebo, modestamente, una chica de cerveza, y tú me apoquinas en pasta[319], lo que me había de costar la bebecua.

Rubén. —No te apartes de los buenos ejemplos, Don Latino.

Don Latino. —Servidor no es un poeta. Yo me gano la vida con más trabajo que haciendo versos.

---

316 Pápiro, expresión vulgar para denominar a billetes de banco, generalmente de mucho valor (DRAE).

317 Un gesto que tanto se solía dar en la vida y literatura bohemia, siendo personas sin ningún sentido del ahorro o del valor de dinero, al que tanto desprecian, en momentos en que, por algo fortuito o por haber empeñado alguna cosa, les llegaba dinero, enseguida lo derrochaban en un festín o festines con amigos, gozando de algo tan raro en sus vidas: una gran cena con buenas bebidas. El bistec con patatas fritas eran un anhelado condimento, pocas veces saboreado, por los bohemios. De aquí, el gusto que se desprende de esta opípara cena, a pesar de los reparos de don Latino.

318 San Martin de Tours (316-397), famoso santo de la caridad. Se cuenta que viendo a un mendigo casi desnudo, dividió su capa en dos para compartirla con él.

319 Apoquinas en pasta, me das en dinero. «Chica», pequeña botella de cerveza, «Bebecua», bebida en el habla castiza.

Rubén. —Yo también estudio las matemáticas celestes.

Don Latino. —¡Perdón entonces! Pues sí, señor, aun cuando me veo reducido al extremo de vender entregas, soy un adepto de la Gnosis[320] y la Magia.

Rubén. —¡Yo lo mismo![321]

Don Latino. —Recuerdo que alguna cosa alcanzabas.

Rubén. —Yo he sentido que los Elementales son Conciencias.

Don Latino. —¡Indudable! ¡Indudable! ¡Indudable! ¡Conciencias, Voluntades y Potestades!

Rubén. —Mar y Tierra, Fuego y Viento, divinos monstruos. ¡Posiblemente! Divinos porque son Eternidades.

Max. —Eterna la Nada.

Don Latino. —Y el fruto de la Nada: Los cuatro Elementales, simbolizados en los cuatro Evangelistas. La Creación, que es pluralidad, solamente comienza en el Cuatrivio. Pero de la Trina Unidad, se desprende el Número. ¡Por eso el Número es Sagrado!

Max. —¡Calla, Pitágoras! Todo eso lo has aprendido en tus intimidades con la vieja Blavastky[322].

---

320 Gnosis, del gnosticismo: «Doctrina filosófica y religiosa de los primeros siglos de la Iglesia, mezcla de la cristiana con creencias judaicas y orientales, que se dividió en varias sectas y pretendía tener un conocimiento intuitivo y misterioso de las cosas divinas» (DRAE). «Gnosis», es el título que Valle-Inclán dio al prólogo de *La lámpara maravillosa*.

321 Volvemos con esta conversación al interés de algunos bohemios y modernistas en lo de ser adeptos a lo gnóstico y la magia. Con respecto a Valle-Inclán, cito dos estudios de la profesora Virgina Milner Garlitz, «Finisecular Ocultismo en Valle-Inclán» y *El centro del círculo: La lámpara maravillosa de Valle-Inclán*. En el intercambio y en todo lo que dice Don Latino destella un cierto rango intelectual, tan presente en las conversaciones de las tertulias de modernistas y bohemios. Volviendo a la mezcla de realidad y ficción, tal conversación se podría haber dado en una de las tertulias que compartieran Valle-Inclán y Rubén Darío.

322 Precisamente, sobre tales términos y terminales que se airean, se extendió Valle-Inclán en *La lámpara maravillosa*. Ya señale en la nota 173 de la Escena 7 que estuvo unido al grupo de estudiosos del ocultismo en el Ateneo de Madrid.

Don Latino. —¡Max, esas bromas no son tolerables! ¡Eres un espíritu profundamente irreligioso y volteriano! Madame Blavastky ha sido una mujer extraordinaria, y no debes profanar con burlas el culto de su memoria[323]. Pudieras verte castigado por alguna camarrupa[324] de su karma. ¡Y no sería el primer caso!

Rubén. —¡Se obran prodigios! Afortunadamente no los vemos ni los entendemos. Sin esta ignorancia, la vida sería un enorme sobrecogimiento.

Max. —¿Tú eres creyente, Rubén?

Rubén. —¡Yo creo!

Max. —¿En Dios?

Rubén. —¡Y en el Cristo!

Max. —¿Y en las llamas del Infierno?

Rubén. —¡Y más todavía en las músicas del Cielo!

Max. —¡Eres un farsante, Rubén!

Rubén. —¡Seré un ingenuo!

Max. —¿No estás posando?

Rubén. —¡No!

Max. —Para mí, no hay nada tras la última mueca. Si hay algo, vendré a decírtelo.

Rubén. —¡Calla, Max, no quebrantemos los humanos sellos!

Max. —Rubén, acuérdate de esta cena. Y ahora, mezclemos el vino con las rosas de tus versos. Te escuchamos.

---

323 Helena Blavatsky (1831-1891), teósofa rusa, fue una figura muy influyente en los medios espirituales de fin del siglo XIX. En España, tuvo su discípulo en Mario Roso de Luna (1872-1931), autor del libro *Una mártir del siglo XIX, Helena Petrovna Blavatsky, fundadora de la sociedad Teosófica* (1924). Entre sus muchas publicaciones, asimismo destaca *Páginas ocultistas y cuentos macabros* (1919).

324 Camarrupa, término teosófico. Se trata de un fantasma que sobrevive a la muerte del individuo y en el que radican los deseos malos y buenos.

(Rubén se recoge estremecido, el gesto de ídolo, evocador de terrores y misterios. Max Estrella, un poco enfático, le alarga la mano. Llena los vasos Don Latino. Rubén sale de su meditación con la tristeza vasta y enorme esculpida en los ídolos aztecas.)

RUBÉN. —Veré si recuerdo una peregrinación a Compostela... Son mis últimos versos.
MAX. —¿Se han publicado? Si se han publicado, me los habrán leído, pero en tu boca serán nuevos.
RUBÉN. —Posiblemente no me acordaré.

(Un joven que escribe en la mesa vecina, y al parecer traduce, pues tiene ante los ojos un libro abierto y cuartillas en rimero, se inclina tímidamente hacia Rubén Darío.)

EL JOVEN. —Maestro, donde usted no recuerde, yo podría apuntarle.
RUBÉN. —¡Admirable!
MAX. —¿Dónde se han publicado?
EL JOVEN. —Yo los he leído manuscritos. Iban a ser publicados en una revista que murió antes de nacer.
MAX. —¿Sería una revista de Paco Villaespesa?[325]
EL JOVEN. —Yo he sido su secretario.

---

325 De nuevo, un anacronismo, y concentración de tiempos, con esta irónica mención a Francisco Villaespesa (1877-1936), quien, a principios de siglo intentó la publicación de varias revistas, y logrando sacar a la luz alguna, pero de corta vida. Sobre ello, y la importancia de Villaespesa entre modernistas y bohemios, se extiende Rafael Cansinos-Asséns en *La novela de un literato*, 1. 74-96, y diciéndonos que «Villaespesa se pasaba la vida enterrando y bautizando revistas. Así nacieron y murieron como rosas, *Revista Latina, Revista Ibérica, etc* (88)». La *Revista Latina* se publicó de 1907 a 1908.

Don Latino. —Un gran puesto.
Max. —Tú no tienes nada que envidiar, Latino[326].
El Joven. —¿Se acuerda usted, maestro?

(Rubén asiente con un gesto sacerdotal, y tras de humedecer los labios en la copa, recita lento y cadencioso, como en sopor, y destaca su esfuerzo por distinguir de eses y cedas.)

Rubén.-

¡¡¡La ruta tocaba a su fin.
Y en el rincón de un quicio obscuro,
Nos repartimos un pan duro
Con el Marqués de Bradomín!!![327]

El Joven. —Es el final, maestro.
Rubén. —Es la ocasión para beber por nuestro estelar amigo.

---

326 Vemos que a quien llama perro o camello, Max Estrella, le considera, ahora, como su secretario; al principio le había nombrado como su intendente, tal es lo mucho que une a ambos, a pesar de lo que les diferencia.

327 Muy apropiados para fin de la Escena, tales últimos versos del largo poema «Peregrinaciones», publicado en la poesía póstuma de Rubén Darío,, que, y muy significativamente, trata de una peregrinación a Santiago de Compostela, y «Con Valle-Inclán o San Roque», en «Una noche, negra, negra,»; un deambular, en el amanecer por calles de Santiago, y todo el poema con su aura de teosofía, misticismo, y de la muerte, que se ha venido tratando en la Escena. Recordemos, la exaltación de Santiago por parte de Valle-Inclán en *La lámpara maravillosa,* considerando a Santiago como simbolización de la ciudad espiritual, «rosa mística de piedra», «donde el tiempo se hace eternidad». Hacia el final del poema, el yo poético de Rubén y su acompañante Valle-Inclán caminaban por la calle de los difuntos, como lo haría Valle, a finales de 1935, poco antes de ser él un difunto. Ya el poema concluía en «esa ruta que tocaba a su fin», algo a lo que estaba tan próximo Max Estrella. Curiosamente, en los últimos versos se les unía el marqués de Bradomín, el universal, nuevo, don Juan decadente, protagonista de las *Sonatas* y, con lo que tiene de ser una proyección del propio Valle-Inclán, y quien reaparecerá, unido a Rubén Darío, en la Escena Decimocuarta.

Max. —¡Ha desaparecido del mundo!
Rubén. —Se prepara a la muerte en su aldea, y su carta de despedida fué la ocasión de estos versos. ¡Bebamos a la salud de un exquisito pecador!
Max. —¡Bebamos!

(Levanta su copa, y gustando el aroma del ajenjo, suspira y evoca el cielo lejano de París. Piano y violín atacan un aire de opereta, y la parroquia del café lleva el compás con las cucharillas en los vasos. Después de beber, los tres desterrados[328] confunden sus voces hablando en francés. Recuerdan y proyectan las luces de la fiesta divina y mortal. ¡París! ¡Cabaretes! ¡Ilusión! Y en el ritmo de las frases, desfila con su pata coja, Papá Verlaine.)

---

328 Los tres desterrados, en este caso, del lugar en que tanto floreció la bohemia, el París de Fin de Siglo, celebran el «Fin de fiesta», de tal mundo, con la música de opereta y el compás de la parroquia del Café. Se, evoca un festín parisino (de los que, continuamente, recordaba Alejandro Sawa tras su vuelta de París y en sus escritos), bajo la égida de Verlaine, quien, en los últimos tiempos de su vida, fuera tan gran amigo de Sawa, y central inspirador de la poesía del modernismo hispano. La gran nostalgia por aquel mundo que se expresa en la Escena, y las visiones, en otras de ellas, de Max Estrella sobre su vida en París, se relacionan con la que sintiera tanto Alejandro Sawa, y sobre lo que se extendió Rubén Darío en el prólogo a *Iluminaciones en la sombra*. Leamos el siguiente pasaje, buen ejemplo de lo que viven en esta Escena los «tres desterrados»: « ... Tal le encontré en Madrid años después de nuestra temporada del Barrio Latino. No podía ocultar su nostalgia del ambiente parisiense y se sentía extranjero en su propio país, desarraigado en la tierra de sus raíces» (73).

Escena Décima

(PASEO CON JARDINES. El cielo raso y remoto. La luna lunera. Patrullas de caballería. Silencioso y luminoso rueda un auto. En la sombra clandestina de los ramajes, merodean mozuelas pingonas y viejas pintadas como caretas. Repartidos por las sillas del paseo, yacen algunos bultos durmientes. Max Estrella y Don Latino caminan bajo las sombras del paseo. El perfume primaveral de las lilas, embalsama la humedad de la noche.)[329]

Una Vieja Pintada. —¡Morenos! ¡Chis!... ¡Morenos! ¿Queréis venir un ratito?
Don Latino. —Cuando te pongas los dientes.
La Vieja Pintada. —¡No me dejáis siquiera un pitillo!
Don Latino. —Te daré la Corres[330], para que te ilustres, publica una carta de Maura.

---

329 Nuevo cronotopo, este escenario, tan propio de la vida y la literatura bohemia, el de los trasnochadores paseos con jardines, y con el pernoctar de algún bohemio, al igual que los mendigos, en los bancos del paseo. El «luminoso auto», poniendo su nota de urbanización moderna, tan ausente en la pieza.. Representa el madrileño Paseo del Prado y cerca del Jardín Botánico, irónica y simbólicamente convertido en —y como leemos en una posterior acotación- «parodia grotesca» del «Jardín de Armida», de *Jerusalén libertada,* de Tasso. Esperpentiza Valle-Inclán, en la Escena, algo tan de la vida y literatura de los bohemios: su encuentro y alterne con prostitutas. Casi por las mismas fechas el bohemio de la tercera promoción, Alfonso Vidal y Planas, llevó a a la escena, en 1922, su folletinesca tragedia, *Santa Isabel de Ceres,* con gran éxito de público y ganancia de dinero, exaltando a santidad a una prostituta de la calle de Ceres, tan conocida, por sus prostíbulos. También se precisa que la acción se vive en la primavera. La noche del 9 al 10 de abril de 1920, como sigue constatando la presencia de las «patrullas de caballería», remitiendo, en la realidad histórica madrileña, a aquel día y noche de manifestaciones y luchas callejeras.
330 Alusivo a uno de los grandes e históricos diarios madrileños *La*

La Vieja Pintada. —Que le den morcilla.
Don Latino. —Se la prohíbe el rito judaico[331].
La Vieja Pintada. —¡Mira el camelista![332] Esperaros, que llamo a una amiguita. ¡Lunares! ¡Lunares!

(Surge La Lunares, una mozuela pingona, medias blancas, delantal, toquilla y alpargatas. Con risa desvergonzada se detiene en la sombra del jardinillo.)

La Lunares. —¡Ay, qué pollos más elegantes! Vosotros me sacáis esta noche de la calle.
La Vieja Pintada. —Nos ponen piso.
La Lunares. —Dejadme una perra[333], y me completáis una peseta para la cama.
La Vieja Pintada. —¡Roñas[334], siquiera un pitillo!
Max. —Toma un habano.
La Vieja Pintada. —¡Guasíbilis![335]
La Lunares. —Apáñalo, panoli[336].
La Vieja Pintada. —¡Sí que lo apaño! ¡Y es de sortija!
La Lunares. —Ya me permitirás alguna chupada.
La Vieja Pintada. —Este me lo guardo.

Correspondencia de España de larga existencia, 1859 a 1925. Se le solía designar con tal apócope, *La Corres,* como repite Rafael Cansinos- Asséns, quien fuera corresponsal en ella hasta poco antes de su final, y a la cual se refiere, numerosamente, en *La novela de un literato,* 2, y usando tal forma del la lengua popular.

331 De nuevo, la burla a Maura, y por aquellas fechas, presidente del Gobierno. Hoy, insisto, dado los horrores a los que llevó el antisemitismo con el Holocausto, este chiste resulta muy de mal gusto, vinculando la popular frase, alusiva al dar morcilla envenenada a los perros para matarlos, con el no comer carne de cerdo del «rito judaico», con el cual se le vuelve a asociar a Maura.

332 Camelista, de camelo, burla o mentira o engatusador, con lo que tiene de ello el vetusto Don Latino, según advierte, a primera vista, la vieja chulapa.

333 Perra, moneda de diez céntimos

334 Tacaños

335 De guasón, burlón.

336 Tómalo, tonta

La Lunares. —Para el Rey de Portugal.
La Vieja Pintada. —¡Infeliz! ¡Para el de la Higiene![337]
La Lunares. —¿Y vosotros, astrónomos, no hacéis una calaverada?[338]

(Las dos prójimas han evolucionado sutiles y clandestinas, bajo las sombras del paseo: La vieja pintada está a la vera de Don Latino de Hispalis: La Lunares a la vera de Mala Estrella.)

La Lunares. —¡Mira qué limpios llevo los bajos!
Max. —Soy ciego.
La Lunares. —¡Algo verás!
Max. —¡Nada!
La Lunares. —Tócame. Estoy muy dura.
Max. —¡Un mármol!

(La mozuela con una risa procaz, toma la mano del poeta, y la hace tantear sobre sus hombros, y la oprime sobre los senos. La vieja, sórdida bajo la máscara de albayalde[339], descubre las encías sin dientes, y tienta capciosa a Don Latino.)

La Vieja Pintada. —Hermoso, vente conmigo, que ya tu compañero se entiende con la Lunares. No te receles. ¡Ven! Si se acerca algún guindilla, lo apartamos con el puro habanero.

---

337 Alusión irónica a los asistentes de Higiene que llevaban a cabo, algunos con abusos, la inspección de los cuerpos de las prostitutas
338 La soltura y el desparpajo del lenguaje y modales de esta jovenzuela del castizo barrio de Chamberí, caída en la prostitución, pone una nota alegre a la sombría escena que se vive. Lo de llamar astrónomos a los dos bohemios, además de, irónicamente, ensalzarles, implica a que bajen sus ojos a la tierra, a sus cuerpos
339 Se alude a su rostro como el de una máscara de color blanco.

(Se lo lleva sonriendo, blanca y fantasmal. Cuchicheos. Se pierden entre los árboles del jardín. Parodia grotesca del Jardín de Armida. Mala Estrella y la otra prójima quedan aislados sobre la orilla del paseo.)

La Lunares. —Pálpame el pecho... No tengas reparo... ¡Tú eres un poeta!
Max. —¿En qué lo has conocido?
La Lunares. —En la peluca de Nazareno[340]. ¿Me engaño?
Max. —No te engañas.
La Lunares. —Si cuadrase que yo te pusiese al tanto de mi vida, sacabas una historia de las primeras. Responde: ¿Cómo me encuentras?
Max. —¡Una ninfa![341]
La Lunares. —¡Tienes el hablar muy dilustrado![342] Tu acompañante ya se concertó con la Cotillona. Ven. Entrégame la mano. Vamos a situarnos en un lugar más obscuro. Verás cómo te cachondeo[343].
Max. —Llévame a un banco para esperar a ese cerdo hispalense.

---

340 Otra alusión al eco de Jesús Nazareno en el bohemio Max Estrella.
341 En esta exclamativa apelación de Max a la joven Lunares se entremezclan tres acepciones que el DRAE da de la palabra ninfa: la de las deidades de las aguas, bosques selvas, en este caso jardín; la de joven hermosa; y la de cortesana o mujer de costumbres libres. Ello, ahonda el sentido del conmovedor encuentro, con su tinte amoroso, antecediendo a la Escena de la muerte de Max Estrella.
342 Dilustrado, un ejemplo más del habla castiza de usar palabras cultas, pero mal dicha ortográficamente.
343 Cachondeo, de cachondear, el vocablo tiene el doble sentido de burla, diversión y de acariciar amoroso

La Lunares. —No chanelo[344].
Max. —Hispalis es Sevilla.
La Lunares. —Lo será en cañí[345]. Yo soy chamberilera.
Max. —¿Cuántos años tienes?
La Lunares. —Pues no sé los que tengo.
Max. —¿Y es siempre aquí tu parada nocturna?
La Lunares. —Las más de las veces.
Max. —¡Te ganas honradamente la vida!
La Lunares. —Tú no sabes con cuántos trabajos. Yo miro mucho lo que hago. La Cotillona me habló para llevarme a una casa. ¡Una casa de mucho postín! No quise ir... Acostarme no me acuesto... Yo guardo el pan de higos para el gachó que me sepa camelar[346]. ¿Por qué no lo pretendes?
Max. —Me falta tiempo.
La Lunares. —Inténtalo para ver lo que sacas. Te advierto que me estás gustando.
Max. —Te advierto que soy un poeta sin dinero.
La Lunares. —¿Serías tú, por un casual, el que sacó las coplas de Joselito?[347]
Max. —¡Ese soy!
La Lunares. —¿De verdad?

---

344 No chaleno, no entiendo, en el habla castiza.
345 En habla gitana, de la que está contagiado el habla castiza madrileña, como va señalando, en múltiples casos, Zamora Vicente en su Glosario.
346 Otra frase de la joven en el habla castiza, «pan de higo», alusivo a su órgano sexual; «gacho», individuo; «camelar», requebrar, querer. En *El Trueno dorado,* volvemos oír decir a la castiza Sofi, y respecto a sus amoríos: «Si otro se ha llevado el pan de hijo, que no se queje» (114).
347 Joselito el Gallo, tan famoso torero, muerto en el ruedo en Talavera, precisamente, en mayo de 1920, un mes después de cuando se está viviendo esta escena, y sobre quien se hicieron tantas coplas y romances populares

Max. —De verdad.
La Lunares. —Dilas.
Max. —No las recuerdo.
La Lunares. —Porque no las sacaste de tu sombrerera. ¡Sin mentira, cuáles son las tuyas?
Max. —Las del Espartero[348].
La Lunares. —¿Y las recuerdas?
Max. —Y las canto como un flamenco.
La Lunares. —¡Que no eres capaz!
Max. —¡Tuviera yo una guitarra!
La Lunares. —¿La entiendes?
Max. —Para algo soy ciego.
La Lunares. —¡Me estás gustando!
Max. —No tengo dinero.
La Lunares. —Con pagar la cama concluyes. Si quedas contento y quieres convidarme a un café con churros, tampoco me niego.

(Máximo Estrella, con tacto de ciego, le pasa la mano por el óvalo del rostro, la garganta y los hombros. La pindonga ríe con dejo sensual de cosquillas. Quítase del moño un peinecillo gitano, y con él peinando los tufos, redobla la risa y se desmadeja.)

La Lunares. —¿Quieres saber cómo soy? ¡Soy muy negra y muy fea!
Max. —¡No lo pareces! Debes tener quince años.

---

348 Otro muy famoso torero, Manuel García Cuesta, el Espartero (1865-1894), igualmente muerto de una cornada en la plaza de Madrid en mayo de 1884, a los 29 años. Sobre él, asimismo, se hicieron múltiples coplas. Todavía en la segunda mitad del siglo XX, el tan famoso grupo peruano de la música criolla,»Los troveros criollos», compusieron su vals peruano «El Espartero» (Manuel García Cuesta)», se puede oír en el Internet.

La Lunares. —Esos mismos tendré. Ya pasa de tres que me visita el nuncio[349]. No lo pienses más y vamos. Aquí cerca hay una casa muy decente.

Max. —¿Y cumplirás tu palabra?

La Lunares. —¿Cuála? ¿Dejar que te comas el pan de higos? ¡No me pareces bastante flamenco! ¡Qué mano tienes! No me palpes más la cara. Pálpame el cuerpo.

Max. —¿Eres pelinegra?

La Lunares. —¡Lo soy!

Max. —Hueles a nardos.

La Lunares. —Porque los he vendido.

Max. —¿Córno[350] tienes los ojos?

La Lunares. —¿No lo adivinas?

Max. —¿Verdes?

La Lunares. —Como la Pastora Imperio[351]. Toda yo parezco una gitana.

---

349 Eufemismo popular para mencionar la menstruación.
350 Errata, es; Cómo
351 La tan famosa bailadora gitana, Pastora Roja, que devino Pastora Imperio tras la frase del dramaturgo Jacinto Benavente, «Esta Pastora vale un Imperio». Por las fechas de la acción de *Luces de bohemia*, estuvo muy de moda actuando en los distintos teatros madrileños. La adolescente prostituta, de habla tan perspicaz, se eleva a si misma comparando sus ojos con los famosos ojos verdes de Pastora Imperio. Rafael Cansinos-Asséns dedicó una semblanza al banquete en honor de Pastora Imperio, dado por varios escritores. Comenzaba diciendo: «Un grupo de escritores jóvenes, entre los que descuella Ramón Pérez de Ayala, han hecho de la bailarina Pastora Imperio un símbolo de la raza, una especie de Dama de Elche viva, y construida toda una metafísica de sus danzas». Nos dice que en el banquete estuvieron presentes Miguel de Unamuno y Felipe Trigo. Por su parte, ella expresó unas breves palabras de agradecimiento en donde dice que «solo sabe hablar con los pies». *La novela de un literato* 2, 153-154.
La escena del afectuoso diálogo entre la joven Lunares y Max Estrella, superando el esperpento, tiene una empatía de tono solidario. Ya Gonzalo Sobejano, agudamente, escribió: «Aquí Max Estrella, leve y sobriamente, sin sentimentalismos (en los que jamás incurre Valle-Inclán), tiene algo de Don Quijote frente a Maritornes y de Cristo ante Magdalena» (*Ramón de Valle-Inclán. El escritor y la crítica* 341).

(De la obscuridad surge la brasa de un cigarro y la tos asmática de Don Latino. Remotamente, sobre el asfalto sonoro, se acompasa el trote de una patrulla de caballería. Los focos de un auto. El farol de un sereno. El quicio de una verja. Una sombra clandestina. El rostro de albayalde de otra vieja peripatética. Diferentes sombras.)

Escena Undécima

(UNA CALLE DEL MADRID AUSTRIACO[352]*. Las tapias de un convento. Un casón de nobles. Las luces de una taberna. Un grupo consternado de vecinas, en la acera. Una mujer despechugada y ronca, tiene en los brazos a su niño muerto, la sien traspasada por el agujero de una bala. Max Estrella y Don Latino, hacen un alto.)*[353]

---

[352] El Madrid de los Austrias era, es, el de la dinastía de los Habsburg, desde Carlos I (1516-1556) a Carlos II (1665-1700). Se localiza desde la Puerta del Sol, la Plaza Mayor y calles adyacentes hasta el Palacio de Oriente. Es de notar que el último deambular de Max Estrella y Don Latino sea por estos parajes por los cuales discurrió la vida y la literatura bohemia y por décadas.

[353] Escena eliminada como la sexta a la que continúa, en la versión de 1920, marca, en la obra, el clímax de la la tragedia político-social que vive la sociedad española por aquellas fechas. Ya en lo que escribí sobre los esperpentos en *La marcha al pueblo en las letras españolas, 1917-1936,* sugería que la desesperada mujer con su hijo muerto en brazos, adelantaba a la misma vista en el «Guernica» de Picasso. Lo que, al oírla. dirá Max, «¡Me ha estremecido esa voz trágica», lo volvemos a sentir al leer y ver la escena, lo mismo que al ver el grito pintado de la mujer, con su hijo muerto, en el cuadro. No obstante, como dilucida Rodolfo Cardona en un agudo ensayo, lo trágico, en esta Escena, lo presenta Valle-Inclán, envuelto en lo esperpéntico, llevando la atención del lector, y la del espectador a lo que las voces del coro que acompañan a los gritos de la madre; las del empeñista, el guardia, el tabernero, y el retirado, tratando de excusar el crimen, al igual que la de Don Latino, diciendo que «hay mucho teatro» derivan la tragedia hacia la mojiganga y creando el distanciamiento que se busca con el esperpento de no caer en el «pathos» trágico y, ante lo grotesco y absurdo, y con el distanciamiento, tomar conciencia de una situación insostenible que hay que despachar, cambiar. Se extiende sobre lo dicho, el renombrado hispanista, tan buen conocedor de la obra de Valle-Inclán, en «Presentación del montaje de la escena XI de 'Luces de bohemia'», parte del ensayo «Presentación de la película 'Luces de Bohemia».

Max. —También aquí se pisan cristales rotos.
Don Latino. —¡La zurra ha sido buena!
Max. —¡Canallas!... ¡Todos!... ¡Y los primeros nosotros, los poetas!...[354]
Don Latino. —¡Se vive de milagro!
La madre del niño. —¡Maricas cobardes! ¡El fuego del Infierno os abrase las negras entrañas! ¡Maricas, cobardes!
Max. —¿Qué sucede, Latino? ¿Quién llora? ¿Quién grita con tal rabia?
Don Latino. —Una verdulera, que tiene a su chico muerto en los brazos.
Max. —¡Me ha estremecido esa voz trágica![355]
La madre del niño. —¡Sicarios! ¡Asesinos de criaturas!
El Empeñista. —Está con algún trastorno, y no mide palabras.
El Guardia. —La Autoridad también se hace el cargo.
El Tabernero. —Son desgracias inevitables para el restablecimiento del orden.

---

[354] Pisando los cristales rotos, y ante lo que está sucedido, Max Estrella, vive el despertar de su final anagnórisis o agnición completada en su agonía de muerte de la siguiente Escena. Aunque siente el dolor de la tragedia oída, y en solidaridad con la víctima se ve, con sus congéneres poetas y literatos, inculpado, acanallado, por no hacer nada frente a la criminal represión por parte del Poder. Más que encanallarle, a pesar de que así lo sienta él, el reconocimiento de auto culpa le humaniza a Max Estrella, creo que podemos afirmar.

[355] En el contrapuesto coro de voces que se van a oir, frente a los personajes acomodados que tratan de disculpar la tragedia sucedida, cuando no justificarla, las mujeres, la portera, la trapera y una vieja, junto al albañil, sienten empatía por la figura trágica de la mujer y su hijo muerto, y expresando solidaridad con la condición de víctimas que viven los pobres y los obreros. Tras sus voces, podemos oír la voz del propio Valle-Inclán y como vuelve a resonar en su última obra, y ya cara a la muerte, *El trueno dorado*, con un nuevo coro de voces de gente humilde lamentando el crimen del vecino, un modesto guardia, a manos de unos «señoritos» en una de sus juergas, como he señalado en la Introducción.

El Empeñista. —Las turbas anárquicas, me han destrozado el escaparate.

La Portera. —¿Cómo no anduvo usted más vivo en echar los cierres?

El Empeñista. —Me tomó el tumulto fuera de casa. Supongo que se acordará el pago de daños a la propiedad privada.

El Tabernero. —El pueblo que roba en los establecimientos públicos, donde se le abastece, es un pueblo sin ideales patrios.

La madre del niño. —¡Verdugos del hijo de mis entrañas!

Un Albañil. —El pueblo tiene hambre.

El Empeñista. —Y mucha soberbia.

La madre del niño. —¡Maricas, cobardes!

Una Vieja. —¡Ten prudencia, Romualda!

La madre del niño. —¡Que me maten como a este rosal de Mayo!

La Trapera —¡Un inocente sin culpa! ¡Hay que considerarlo!

El Tabernero. —Siempre saldréis diciendo que no hubo los toques de Ordenanza.

El Retirado. —Yo los he oído.

La madre del niño. —¡Mentira!

El Retirado. —Mi palabra es sagrada.

El Empeñista. —El dolor te enloquece, Romualda.

La madre del niño. —¡Asesinos! ¡Veros es ver al verdugo!

El Retirado. —El Principio de Autoridad es inexorable.

El Albañil. —Con los pobres. Se ha matado, por defender al comercio, que nos chupa la sangre.

El Tabernero. —Y que paga sus contribuciones, no hay que olvidarlo.

El Empeñista. —El comercio honrado, no chupa la sangre de nadie.

La Portera. —¡Nos quejamos de vicio!

El Albañil. —La vida del proletario, no representa nada para el Gobierno.

Max. —Latino, sácame de este círculo infernal[356].

(Llega un tableteo de fusilada. El grupo se mueve en confusa y medrosa alerta. Descuella el grito ronco de la mujer, que al ruido de las descargas, aprieta a su niño muerto, en los brazos.)

La madre del niño. —¡Negros fusiles, matadme también, con vuestros plomos!

Max. —Esa voz me traspasa.

La madre del niño. —¡Que tan fría, boca de nardo!

Max. —¡Jamás oí voz con esa cólera trágica!

Don Latino. —Hay mucho de teatro[357].

Max. —¡Imbécil!

(El farol, el chuzo, la caperuza del sereno, bajan con un trote de madreñas[358], por la acera.)

El Empeñista. —¿Qué ha sido, sereno?

El Sereno. —Un preso que ha intentado fugarse.

---

356 El círculo infernal, «dantesco», según expresa Max Estrella a continuación, es en el que está viviendo-muriendo en su nocturna odisea (y odiosea) madrileña en el descenso a la cueva final, y sintiendo tan dentro de si la trágica voz de la madre del niño acribillado.

357 Como sucede a lo largo de la acción, Don Latino con su contrapunto a lo que dice Max, aquí, muy desacertado, ya señalé que apunta al distanciamiento que se busca en el hacer de la tragedia un esperpento.

358 Madreñas o almadreñas, zuecos de madera, calzado muy usado en Asturias y Galicia, de donde procedían la mayor parte de los serenos.

Max. —Latino, ya no puedo gritar... ¡Me muero de rabia!... Estoy mascando ortigas. Ese muerto sabía su fin... No le asustaba, pero temía el tormento...[359] La Leyenda Negra en estos días menguados es la Historia de España. Nuestra vida es un círculo dantesco. Rabia y vergüenza. Me muero de hambre satisfecho de no haber llevado una triste velilla en la trágica mojiganga. ¿Has oído los comentarios de esa gente, viejo canalla? Tú eres como ellos. Peor que ellos, porque no tienes una peseta, y propagas la mala literatura, por entregas. Latino, vil corredor de aventuras insulsas, llévame al Viaducto[360]. Te invito a regenerarte con un vuelo.

Don Latino. —¡Max, no te pongas estupendo!

---

359 Dentro de la estructura circular de la obra, con el crimen del anarquista catalán, volvemos a la Escena sexta y al dolor que le produjo a Max Estrella lo que el preso contaba y predecía que le iba a pasar. Ahora, el horror y la compasión llegan a su extremo. No hay nada de esperpento, en la frase suya, y que tanto impacto tiene entre el público en las representaciones «Me muero de hambre satisfecho de no haber llevado una triste velilla en la trágica mojiganga», donde sí aparece, contrario a la crítica que le describe de acanallado, como un «héroe trágico».

360 Ante la tragedia humana vivida, que Don Latino trata de escamotear, Max se vuelve contra él por contribuir —volviendo a una crítica anterior— a ella, con su propagación de la comercial literatura por entregas, y le insta, a que le lleve al Viaducto, y le acompañe en el suicidio, como quería que le acompañara mujer e hija al principio de la obra.

El Viaducto madrileño es otro de los topos de la vida y la literatura bohemia, a él se vieron abocados, como tantos otros suicidas, sus cultores. Fue muy celebre, el caso del joven Armando Buscarini, de la tercera promoción, quien publicaba y vendía en la calle sus poemarios y quien solía amenazar con tirarse por el Viaducto si no se lo compraban. Un día hasta llegó a hacerlo, aunque no le resultó. Ironía del destino, aquel pobrísimo y derrotado joven poeta, en nuestro tiempo ha gozado de rehabilitación por prestigiosos críticos y en su natal provincia de Logroño, existe una calle y hasta una editorial de libros bajo su nombre. Igualmente, al ex bohemio Alfonso Vidal y Planas, dedicado, en las últimas décadas de su vida, a la enseñanza en un Instituto y a la vida cultural, en Tijuana, México, la ciudad dio su nombre a una avenida: Avenida Alfonso Vidal y Planas.

Escena Duodécima

(RINCONADA EN COSTANILLA[361], Y UNA IGLE-SIA BARROCA POR FONDO. Sobre las campanas negras, la luna clara. Don Latino y Max Estrella, filosofan sentados en el quicio de una puerta[362]. A lo largo de su coloquio, se torna lívido el cielo. En el alero de la iglesia pían algunos pájaros. Remotos albores de amanecida. Ya se han ido los serenos, pero aún están las puertas cerradas. Despiertan las porteras.)[363]

Max. —¿Debe estar amaneciendo?
Don Latino. —Así es.
Max. —¡Y qué frío!

---

361 Calle corta más inclinada que las cercanas.
362 Como habrían hecho tantas veces tras su noctívago deambular callejero, pero esta será, para Max, su última con el amanecer apagando su Estrella.
363 Llegamos a la Escena del gran climax de la odisea nocturna del ciego Max Estrella; escena tan única en la dramaturgia universal y, con los propios labios del caído poeta moribundo, expresando el nuevo sentido de esperpento que da a la tragedia española, dentro de la cual va él a perecer. Últimas frases del coloquio que han ido manteniendo, a lo largo de la obra, el auténtico bohemio, y su contraparte, Don Latino, bohemio de la golfemia, en un hablar que pone «lívido» al cielo, mientras las «campanas negras» repiquetean ya por el alma de Max Estrella. Y sí se siente, el lazo que, a pesar de las grandes diferencias, les unía a ambos en su andante «filosofar» (lo cual se manifiesta mucho en las representaciones teatrales de la escena, representada, en tantas ocasiones por famosos actores, y contradiciendo a tantos críticos que pintan a Don Latino, tan solo, como un personaje totalmente despreciable y hasta como encarnación del Mal, por no decir satánico); aunque al final Don Latino acabe yéndose con la cartera de Max, como queriendo, podría aventurarse, además del dinero, usurpar su identidad

Don Latino. —Vamos a dar unos pasos.

Max. —Ayúdame, que no puedo levantarme. ¡Estoy aterido!

Don Latino. —¡Mira que haber empeñado la capa!

Max. —Préstame tu carrik[364], Latino.

Don Latino. —¡Max, eres fantástico!

Max. —Ayúdame a ponerme en pie.

Don Latino. —¡Arriba, carcunda![365]

Max. —¡No me tengo!

Don Latino. —¡Qué tuno eres!

Max. —¡Idiota!

Don Latino. —¡La verdad es que tienes una fisonomía algo rara!

Max. —¡Don Latino de Hispalis, grotesco personaje, te inmortalizaré en una novela!

Don Latino. —Una tragedia, Max.

Max. —La tragedia nuestra, no es tragedia.

Don Latino. —¡Pues algo será!

Max. —El Esperpento.

Don Latino. —No tuerzas la boca, Max.

Max. —¡Me estoy helando!

Don Latino. —Levántate. Vamos a caminar.

Max. —No puedo.

Don Latino. —Deja esa farsa. Vamos a caminar.

Max. —Echame el aliento. ¿A dónde te has ido, Latino?

Don Latino. —Estoy a tu lado.

Max. —Como te has convertido en buey, no podía reconocerte. Échame el aliento, ilustre buey del pesebre be-

---

364 *carrick*

365 Carcunda, de actitudes retrógradas, se solía usar para denominar a los carlistas, aquí más bien se podría ver significando «remolón», por no ponerse en pie.

lenita[366]. ¡Muge, Latino! Tú eres el cabestro, y si muges vendrá el Buey Apis. Le torearemos.

DON LATINO. —Me estás asustando. Debías dejar esa broma.

MAX. —Los ultraístas son unos farsantes[367]. El esperpentismo lo ha inventado Goya. Los héroes clásicos han ido a pasearse en el callejón del Gato[368].

DON LATINO. —¡Estás completamente curda![369]

MAX. —Los héroes clásicos reflejados en los espejos cóncavos, dan el Esperpento. El sentido trágico de la vida española sólo puede darse con una estética sistemáticamente deformada.

---

366 Alusión al pesebre del Nacimiento de Jesús, con quien se vincula el «vía crucix» de Max, y ya en vísperas de su muerte. Parecería, también, que alude a algo tan del Barroco: lo que la cuna tiene ya de tumba, pues nacemos para morir.

367 Expresión que, también, nos lleva a la fecha en la que está ocurriendo la acción, pues en 1920, estaban tan en alza los Ultraístas. No obstante lo dicho, por su tan original novedad, el esperpento podría considerarse como un Ismo vanguardista, junto a lo que ya tiene del Expresionismo; algunas de las metáforas en las acotaciones, como he venido señalando, podrían encajar con las de los ultraístas. Advirtiendo esto, Cansinos-Asséns, gran promotor del ultraísmo, y quien propuso el nombre de «Ultra», en el parco «Muere Valle-Inclán», tras anunciar «Duelo general en las Letras hispánicas», señalaba que: « ... últimamente se había adherido tácitamente al Ultra con sus esperpentos ... », *La novela de un literato* 3, 353. Y Carmen Bravo Villasante, a propósito del lenguaje de los esperpentos, añadía: «El lenguaje esperpéntico, teatral y gesticulante, lenguaje ultraísta, está cargado de toques pictóricos, de chafarrinones de color, de líneas quebradas e hirientes, trianguladas y zancudas», en «El lenguaje esperpéntico de Valle-Inclán», *Cuadernos hispanoamericanos* (454). También se le ha identificado a este Valle Inclán con Picasso y el cubismo. Encontramos imágenes que podrían considerarse cubistas, en *Luces de bohemia* y algunas de sus representaciones teatrales, con el juego de luces y de espejos, se forman perspectivas afines a las del cubismo.

368 El callejón del Gato, con sus espejos cóncavos, está situando en Madrid a orillas de la Plaza de Santa Ana, la cual fuera otro de los lugares favoritos de los bohemios.

369 Borracho

Don Latino. —¡Miau! ¡Te estás contagiando!
Max. —España es una deformación grotesca de la civilización europea.
Don Latino. —¡Pudiera[370]! Yo me inhibo.
Max. —Las imágenes más bellas en un espejo cóncavo, son absurdas.
Don Latino. —Conforme. Pero a mí me divierte mirarme en los espejos de la calle del Gato.
Max. —Y a mí. La deformación deja de serlo cuando está sujeta a una matemática perfecta. Mi estética actual es transformar con matemática de espejo cóncavo, las normas clásicas.
Don Latino. —¿Y dónde está el espejo?
Max. —En el fondo del vaso.
Don Latino. —¡Eres genial! ¡Me quito el cráneo!
Max. —Latino, deformemos la expresión en el mismo espejo que nos deforma las caras, y toda la vida miserable de España.
Don Latino. —Nos mudaremos al Callejón del Gato.
Max. —Vamos a ver qué palacio está desalquilado. Arrímame a la pared. ¡Sacúdeme!
Don Latino. —No tuerzas la boca.

---

[370] Este «pudiera» de Don Latino, atenuando, y otras ocasiones contradicciones, los juicios de Max Estrella, nos lleva, en tantas de las exclamaciones y afirmaciones de Marx, como lo expresado en la Escena anterior, a lo que Elise Richter dijera del artista expresionista (en este caso del personaje, aunque, asimismo remitiendo a su autor, de un drama expresionista): «El artista expresionista no dice lo que ocurre o lo que ve (en el caso de Max, lo que oye o piensa), sino lo que a él le *conmueve* a la vista de un acontecimiento o de una cosa; expresa su sensación personal y su juicio (en ocasiones, su prejuicio sobre las cosas» (*Impresionismo, expresionismo y gramática* 88). En cuanto a lo de España como «una deformación grotesca de la civilización europea», recordemos que con la gran destrucción y los millones de muertos de la I Guerra Mundial, ya Europa misma había vivido tal «deformación grotesca», como llevaría a la escena tanto del teatro expresionista alemán, teatralizando, asimismo, una realidad «esperpéntica».

Max. —Es nervioso. ¡Ni me entero!
Don Latino. —¡Te traes una guasa!
Max. —Préstame tu carrik[371].
Don Latino. —¡Mira cómo me he quedado de un aire!
Max. —No me siento las manos y me duelen las uñas. ¡Estoy muy malo!
Don Latino. —Quieres conmoverme, para luego tomarme la coleta.
Max. —Idiota, llévame a la puerta de mi casa, y déjame morir en paz.
Don Latino. —La verdad sea dicha, no madrugan en nuestro barrio.
Max. —Llama.

(Don Latino de Hispalis, volviéndose de espalda, comienza a cocear en la puerta. El eco de los golpes tolondrea[372] por el ámbito lívido de la costanilla, y como en respuesta a una provocación, el reloj de la iglesia da cinco campanadas bajo el gallo de la veleta.)

Max. —¡Latino!
Don Latino. —¿Qué antojas? ¡Deja la mueca!
Max. —¡Si Collet estuviese despierta!... Ponme en pie para darle una voz.
Don Latino. —No llega tu voz a ese quinto cielo.
Max. —¡Collet! ¡Me estoy aburriendo![373]
Don Latino. —No olvides al compañero.
Max. —Latino, me parece que recobro la vista. ¿Pero cómo hemos venido a este entierro? ¡Esa apoteosis es

---

371 *carrick*
372 De tolondrón, el eco suena a retazos.
373 Aburriendo, por muriendo.

de París! ¡Estamos en el entierro de Víctor Hugo![374]
¿Oye, Latino, pero cómo vamos nosotros presidiendo?

Don Latino. —No te alucines, Max.

Max. —Es incomprensible cómo veo.

Don Latino. —Ya sabes que has tenido esa misma ilusión otras veces.

Max. —¿A quién enterramos, Latino?

Don Latino. —Es un secreto, que debemos ignorar.

Max. —¡Cómo brilla el sol en las carrozas!

Don Latino. —Max, si todo cuanto dices no fuese una broma, tendría una significación teosófica...[375] En un entierro presidido por mí, yo debo ser el muerto... Pero por esas coronas, me inclino a pensar que el muerto eres tú.

Max. —Voy a complacerte. Para quitarte el miedo del au-

---

[374] Otra visión de los tiempos «dorados» parisinos, con la evocación del entierro del gran Víctor Hugo, y la imagen con Max y don Latino presidiéndolo. Estamos en ese juego teatral de unir a vivos y muertos, iniciado en la Escena novena y que continuará en la 14, precisamente, con el entierro de Max en el cementerio. De nuevo, encontramos correlaciones con la gran admiración por Víctor Hugo sentida por Alejandro Sawa, y tan compartida por los bohemios de la segunda promoción, entre quienes hay que situar a Max Estrella, como vengo insistiendo.

[375] Nuevamente, Don Latino se vale de la Teosofía, aunque lo que diga sea inventado por él, pone su toque místico a la muerte de Max Estrella. Y en el resto de la frase, encontramos la intertextualidad con unos versos de Espronceda en *El estudiante de Salamanca,* cuando don Félix ve pasar dos féretros en un entierro: « ... Más cuál su sorpresa, su asombro cuál fuera, / cuando horrorizado ve /que el uno don Diego de Pastrana era, / y el otro, Dios santo!, y el otro era él» (415). De la visita a Valle-Inclán, ya citada en la nota 239, Juan Ramón Jiménez escribió: «Vuelve a hablarme, como siempre, de Espronceda. Saca del tubo, la chimenea, el túnel de su cuerpo de ataúd, tales trozos de «El Estudiante de Salamanca», donde para él está ya Picasso, todo el cubismo, que él quiere abarcar ... «(*Ramón del Valle-Inclán. El escritor y la crítica* 50). Propósito cubista de Valle-Inclán que merecería un detallado análisis sobre su uso en *La pipa de kif* y en los esperpentos.

gurio, me acuesto a la espera. ¡Yo soy el muerto! ¿Qué dirá mañana esa canalla de los periódicos, se preguntaba el paria catalán?[376]

(Máximo Estrella se tiende en el umbral de su puerta. Cruza la Costanilla un perro golfo que corre en zig-zag[377]. En el centro, encoje[378] la pata y se orina[379]: El ojo legañoso, como un poeta, levantado al azul de la última estrella.)

MAX. —Latino, entona el gori-gori.
DON LATINO. —Si continúas con esa broma macabra, te abandono.
MAX. —Yo soy el que se va para siempre.
DON LATINO. —Incorpórate, Max. Vamos a caminar.
MAX. —Estoy muerto.
DON LATINO. —¡Que me estás asustando! Max, vamos a caminar. Incorpórate. ¡No tuerzas la boca condenado! Max! ¡Max! ¡Condenado, responde![380]

---

[376] A punto de morir, Max se funde con el muerto obrero catalán de la Escena Sexta, haciendo suya la pregunta que se hacía el anarquista sobre el qué diría la prensa tras su muerte, implicando que nada, o nada bueno, como cree sucedería en su su caso. Aunque en la Escena Decimocuarta, uno de sus sepultureros puntualizará: «Los papeles le ponen por hombre de mérito».

[377] *zigzag*

[378] *encoge*

[379] Dentro de lo esperpéntico, el perro «golfo», haciendo honor a Max Estrella, como expresa la lírica frase siguiente en donde parecen unirse el ojo del perro y el de Max Estrella, la última «celestial estrella» de la Bohemia española, como ya ha destacado José Esteban en el título de su *Diccionario de la bohemia. De Bécquer a Max Estrella* (1854-1920); bohemia histórica que, que simbólica y espléndidamente, también, fallece en esta pieza teatral.

[380] Contrario a varios críticos, y editores de las nuevas ediciones de *Luces de Bohemia* que ven en este intercambio final, un descarnado vil desinterés, frente a la muerte de su superior, por parte de Don Latino, sentimos que, aunque contrariándole como en tantas veces, sí está muy afectado y asustado con lo que le está ocu-

Max. —Los muertos no hablan.
Don Latino. —Definitivamente, te dejo.
Max. —¡Buenas noches[381]!

(Don Latino de Hispalis se sopla los dedos arrecidos, y camina unos pasos, encorvándose bajo su carrik[382] pingón, orlado de cascarrias[383]. Con una tos gruñona retorna al lado de Max Estrella: Procura incorporarle hablándole a la oreja.)

---

rriendo a su amigo y maestro, y trata de ahuyentarlo diciendo que Max pretende estar burlándose de él, como en tantas otras ocasiones. Antes de alejarse del todo, creyendo convencerse de que está borracho, primero, vuelve sobre sus pasos y trata de incorporarle y hablándole al oído. No hay duda de que sí aparece muy ligado a Max Estrella, como vemos en varias de las representaciones teatrales de esta Escena. De algún modo, hasta podemos encontrar un tenue eco de lo que siente Sancho viendo morir a Don Quijote. No todo es hipocresía, vileza, en Don Latino, aun en lo de llevarse su cartera, como va a suceder, queda algo paliado por lo que dice -¿para acallar su mala conciencia?- de que lo hace para que no se la robe otro. De todos modos, es un acto que haría, en la vida real, uno de los bohemios golfemios de los cuales Don Latino es un prototipo, contrapartida del auténtico como Máximo Estrella; aunque éste, a pesar de lo heroico, como hemos visto, igualmente, tiene sus atisbos de dicha golfemia.

381 Lo que escribió Valle-Inclán, en carta a Rubén Darío, sobre la muerte de Alejandro Sawa, «Tuvo el final de un rey de tragedia, loco, ciego y furioso», se puede proyectar a la de Máximo Estrella, aunque aquí se la reciba con un estoico «Buenas noches», con el cual finaliza su camino nocturno de «homo Viator», igual que el peregrino de *La lámpara maravillosa* en su «camino de perfección», mientras que el de Max es de perdición; pero dentro de la unión de los contrarios, tan de la persona y la obra de Valle-inclán, si aquél llevaba la «estrella» en su frente, como luz hacia la verdad y la belleza, Max la lleva en su nombre y su camino, que finaliza trágicamente, también tiene mucho de redención, con la estrella, que lleva en su nombre, alumbrando hacia la justicia y la verdad y, asimismo, convirtiendo la fealdad en belleza.

382 *carrick*

383 La harapienta vestimenta de Don Latino, tan propia de los bohemios, tras el deambular nocturno aparece pringada de «cascarrias» o cazcarrias, manchas de lodo en la parte de abajo del carric, como se escribe en español tal tipo de gabán de procedencia francesa.

Don Latino. —Max, estás completamente borracho, y sería un crimen dejarte la cartera encima, para que te la roben. Max, me llevo tu cartera, y te la devolveré mañana.

(Finalmente se eleva tras de la puerta la voz achulada de una vecina. Resuenan pasos dentro del zaguán. Don Latino se cuela por un callejón.)

La Voz de la Vecina. —¡Señá Flora! ¡Señá Flora! Se le han apegado a usted las mantas de la cama.
La Voz de la Portera. —¿Quién es? Esperarse, que encuentre la caja de mixtos[384].
La Vecina. —¡Señá Flora!
La Portera. —Ahora salgo. ¿Quién es?
La Vecina. —¡Está usted marmota[385]! ¿Quién será? ¡La Cuca que se camina al lavadero!
La Portera. —¡Ay, qué centella de mistos[386]! ¿Son horas?
La Vecina. —¡Son horas, y pasan de serlo!

(Se oye el paso cansino de una mujer en chanclas[387]. Sigue el murmullo de las voces. Rechina la cerradura, y aparecen en el hueco de la puerta dos mujeres: La una canosa, viva y agalgada, con un saco de ropa cargado sobre la cadera: La otra jamona, refajo colorado, pañuelo pingón sobre los

---

384 La caja de cerillas
385 Marmota, pequeño mamífero roedor, que pasa el invierno dormido en la madriguera. De aquí que se llame marmota a una persona que duerme mucho. Con un lenguaje de prejuicios clasistas, en Madrid, y no sé si en otras partes de España, se solía llamar «marmotas» a las criadas.
386 *mixtos*
387 Chanclas, calzado viejo con el tacón gastado y para andar por casa.

hombros, greñas y chancletas. El cuerpo del bohemio resbala y queda acostado sobre el umbral, al abrirse la puerta[388].)

La Vecina. —¡Santísimo Cristo, un hombre muerto!
La Portera. —Es Don Max el poeta, que la ha pescado[389].
La Vecina. —¡Está del color de la cera![390]
La Portera. —Cuca, por tu alma, quédate a la mira un instante mientras subo el aviso a Madama Collet.

---

388 Así habían encontrado el cuerpo de Pedro Marquina, autor de la exitosa comedia de un acto, *El poeta de la guardilla,* en la puerta del número 11 de la plaza de Lavapiés el 23 de agosto de 1886. Marquina fue uno de los destacados escritores bohemios de la primera promoción. Otro de ellos, el mencionado Pelayo del Castillo, autor de *El que nace para ochavo*, apareció muerto y cubierto de andrajos en la acera de la calle de Alcalá. Y se podrían añadir otras muertes parecidas de los bohemios históricos. Dentro de la distorsión de lo real, que tanto relaciona la estética del esperpento con la de los expresionistas, esta imagen de Max Estrella muerto en el umbral de la casa evoca el cuadro del expresionista George Grosz, «Suicidio», de 1916, con un hombre muerto tendido frente a otro quicio de puerta; Cuadro donde también aparece un perro. Qué lejos, este final del nocturno peregrinaje de Max Estrella, de lo que leemos en *La lámpara maravillosa* de su peregrino: « ... hermano peregrino que llevas una estrella en la frente cuando llegues a la puerta dorada, arrodíllate ... » (17), aunque quizá pudiera latir, junto a la tragedia social, un recóndito oculto sentido simbólico entre tal llegada y el desplome de Don Máximo Estrella ante la puerta de la pobretona casa de vecinos.

389 Aludiendo a que ha cogido una borrachera.

390 Y nos podemos despedir de Max Estrella muerto, con las palabras de Rubén Darío en el prólogo de *Iluminaciones en la sombra* para despedirse de Alejandro Sawa: «Por fin se hundió en la eterna noche, en la noche de las noches. Ha tiempo descansa. *Bonne nuit, pauvre et cher Alexandre! (Iluminaciones en la sombra* 74). Tengamos presente que las últimas palabras de estoico Máximo Estrella al morir fueron esas, telegráficas, estoicas, «¡Buenas noches!», las mismas que le dirigiera a él, el prisionero catalán la noche de su muerte. La de Max, con tal despedida, aparece como un sueño y según lo fuera ya su último deambular por las calles de Madrid; mezcla de lo onírico con lo real, que, igualmente, nos lleva a la relación de *Luces de bohemia* con obras del teatro alemán expresionista, aunque no las conociera Valle-Inclán, y por lo del espíritu o cosmovisión de época, tras los horrores de la I Guerra Mundial, como ya expresé en la Introducción.

(La portera sube la escalera chancleando: Se la oye renegar. La Cuca viéndose sola, con aire medroso, toca las manos del bohemio, y luego se inclina a mirarle los ojos entreabiertos bajo la frente lívida.)

La Vecina. —¡Santísimo Señor! ¡Esto no lo dimana la bebida! ¡La muerte, talmente representa! ¡Señá Flora! ¡Señá Flora! ¡Que no puedo demorarme! ¡Ya se me voló un cuarto de día! ¡Que se queda esto a la vindicta pública, señá Flora! ¡Propia la muerte![391]

---

[391] Nótese la lengua culta de la humilde vecina para expresar que Max está muerto, «dimana», «demorarme», «vindicta pública», que significa: «Satisfacción de los delitos que se debe dar por la sola razón de justicia, para ejemplo del público» (DRAE). Tiene su sentido que el primer grito por la muerte de Max Estrella sea el de esta mujer humilde con su castiza frase: «propia la muerte» Podemos sentir las voces de la vecina y la portera como coro mortuorio del pueblo bajo por la muerte de Max Estrella, lo cual nos remite e al otro coro de voces populares en empatía con la madre del niño muerto, asesinado, de la Escena anterior; coro de voces humildes que volveremos a oír en el velorio del guardia matado por los juerguistas «señoritos» en *El trueno dorado,* la novela final, ¿inacabada?, de Valle-Inclán, que, posiblemente, no estaría lejos de su mano en su propio velorio.

Escena Décima Tercia[392]

(VELORIO EN UN SOTABANCO. Madama Collet y Claudinita, desgreñadas y macilentas, lloran al muerto, ya tendido en la angostura de la caja, amortajado con una sábana, entre cuatro velas. Astillando una tabla, el brillo de un clavo aguza su punta sobre la sien inerme. La caja, embetunada de luto por fuera, y por dentro de tablas de pino sin labrar ni pintar, tiene una sórdida esterilla que amarillea. Está posada sobre las baldosas, de esquina a esquina, y las dos mujeres que lloran en los ángulos, tienen en las manos cruzadas el reflejo de las velas. Dorio de Gádex, Clarinito y Pérez, arrimados a la pared, son tres fúnebres fantoches en hilera. Repentinamente, entrometiéndose en el duelo, cloquea[393] *un rajado repique, la campanilla de la escalera.)*[394]

---

392 *Decimatercia*
393 La descripción del velorio en la buhardilla, con su visión plástica y sonora, la metáfora con el cloqueo de gallina, «cloc-cloc», dado por la campanilla. anticipa lo trágico-cómico, teñido por lo esperpéntico, tan realzado en la Escena, la cual tiene el referente histórico del tan triste y pobrísimo velorio de la muerte de Alejandro Sawa, en marzo de 1909, presidido por su mujer e hija. En el que estuvo presente Valle-Inclán, y llorando, como expresara en carta a Rubén Darío, por el fallecido, por él mismo, y por todo un mundo que se desvanecía en la miseria; un lloro que, ahora, sobre lo esperpéntico, plasma en el del fallecido Max Estrella.
394 El clavo en la madera del ataúd sobre la sien del difunto, que ya aparecía en el caso de Alejandro Sawa, nos lleva al paralelo evangélico de la corona de espinas de Jesús, dentro de la referencia cristológica de la obra, cuya a estructura circular nos remite al comienzo en la buhardilla de Max, mujer e hija. Podemos ver, también, en este velorio y en el entierro de la Escena siguiente, una alusión por parte de Valle-Inclán al funeral y el entierro de la Bohemia histórica española, como le pidiera la diera por muerta Rubén Darío a Max en la Escena Novena. Velorio, tan empobrecido, el de Max Estrella, parecido al de los tres grandiosos poetas del simbolismo/decadentismo, Poe, Baudelarie y Verlaine, recordado por Alejandro Sawa en *Iluminaciones en la sombra* y como anticipando el suyo propio.

Dorio de Gadex. —A las cuatro viene la Funeraria.
Clarinito.—No puede ser esa hora.
Dorio de Gadex. —¿Usted no tendrá reloj, Madama Collet?
Madama Collet. —¡Que no me lo lleven todavía! ¡Que no me lo lleven!
Pérez. —No puede ser la Funeraria.
Dorio de Gadex. —¡Ninguno tiene reloj! ¡No hay duda que somos unos potentados!

(Claudinita, con andar cansado, trompicando, ha salido para abrir la puerta. Se oye rumor de voces, y la tos de Don Latino de Hispalis. La tos clásica del tabaco y del aguardiente.)

Don Latino. —¡Ha muerto el Genio! ¡No llores, hija mía! ¡Ha muerto, y no ha muerto!... ¡El Genio es inmortal!... ¡Consuélate, Claudinita, porque eres la hija del primer poeta español! ¡Que te sirva de consuelo saber que eres la hija de Víctor Hugo! ¡Una huérfana ilustre! ¡Déjame que te abrace!
Claudinita. —¡Usted está borracho![395]
Don Latino. —Lo parezco. Sin duda lo parezco. ¡Es el dolor!

---

395 De nuevo, el encontronazo entre Claudinita y Don Latino, del comienzo; encontronazo, tan repetido, en los diálogos, de tantas otras de las Escenas, donde quien habla más que dialogar con el interlocutor, pasa sobre él, y revertiendo a sí mismo o misma. Esperpénticamente ambivalente, la actitud de Don Latino, quien en esta escena, y la final, asume aires de ser el heredero del maestro, entre el transido dolor que confiesa exaltando, retóricamente a lo más alto al querido maestro compañero, y el aprovechado vivales que llega borracho, y con la cartera de Max en su bolsillo, y que no devuelve a esposa e hija.

CLAUDINITA. —¡Si tumba el vaho de aguardiente!
DON LATINO. —¡Es el dolor! ¡Un efecto del dolor, estudiado científicamente por los alemanes!

(Don Latino tambaléase en la puerta, con el cartapacio de las revistas en bandolera, y el perrillo sin rabo y sin orejas, entre las cañotas[396]. Trae los espejuelos alzados sobre la frente, y se limpia los ojos chispones, con un pañuelo mugriento.)

CLAUDINITA. —Viene a dos velas[397].
DORIO DE GADEX. —Para el funeral. ¡Siempre correcto!
DON LATINO. —Max, hermano mío, si menor en años...
DORIO DE GADEX. —Mayor en prez. Nos adivinamos.
DON LATINO. —¡Justamente! Tú lo has dicho, bellaco.
DORIO DE GADEX. —Antes lo había dicho el maestro.
DON LATINO. —¡Madama Collet, es usted una viuda ilustre, y en medio de su intenso dolor debe usted sentirse orgullosa de haber sido la compañera del primer poeta español! ¡Murió pobre como debe morir el Genio! ¡Max, ya no tienes una palabra para tu perro fiel! ¡Max, hermano mío, si menor en años, mayor en...
DORIO DE GADEX. —Prez.
DON LATINO. —¡Ya podías haberme dejado terminar, majadero! ¡Jóvenes modernistas, ha muerto el maestro, y os llamáis todos de tú en el Parnaso Hispano-Americano! ¡Yo tenía apostado con este cadáver frío, sobre cuál de los dos emprendería primero el viaje, y me ha vencido en esto, como en todo! ¡Cuántas veces cruza-

---

396 Cañotas, canillas o huesos largos de la pierna o, en este caso, pata del perro.
397 Sin nada y borracho.

mos la misma apuesta! ¿Te acuerdas, hermano? ¡Te has muerto de hambre, como yo voy a morir, como moriremos todos los españoles dignos! ¡Te habían cerrado todas las puertas, y te has vengado muriéndote de hambre! ¡Bien hecho! ¡Que caiga esa vergüenza sobre los cabrones de la Academia! ¡En España es un delito el talento!

(Don Latino se dobla, y besa la frente del muerto[398]. El perrillo, a los pies de la caja, entre el reflejo inquietante de las velas, agita el muñón del rabo. Madama Collet levanta la cabeza con un gesto doloroso dirigido a los tres fantoches en hilera.)

MADAMA COLLET. —¡Por Dios, llévenselo ustedes al pasillo!

DORIO DE GADEX. —Habrá que darle amoníaco. ¡La trae de alivio!

CLAUDINITA. —¡Pues que la duerma! ¡Le tengo una hincha![399]

DON LATINO. —¡Claudinita! ¡Flor temprana!

CLAUDINITA. —¡Si papá no sale ayer tarde, está vivo!

DON LATINO. —¡Claudinita, me acusas injustamente! ¡Estás ofuscada por el dolor!

CLAUDINITA. —¡Golfo! ¡Siempre estorbando!

DON LATINO. —¡Yo sé que tú me quieres!

DORIO DE GADEX. —Vamos a darnos unas vueltas en el corredor, Don Latino.

---

398 En este acto, siguiendo con las contradicciones, y en las palabras anteriores sí muestra su cariño y admiración por el amigo, a quien llama hermano, y hasta, como en las últimas frases del párrafo anterior, apropiándose en lo que dice de la elocuente voz del mismo Max Estrella y hasta de sus mismas palabras.
399 Le tengo encono, rabia.

Don Latino. —¡Vamos! ¡Esta escena es demasiado dolorosa!
Dorio de Gadex. —Pues no la prolonguemos.

(Dorio de Gádex empuja al encurdado vejete, y le va llevando hacia la puerta. El perrillo salta por encima de la caja, y los sigue, dejando en el salto torcida una vela. En la fila de fantoches pegados a la pared, queda un hueco lleno de sugestiones.)

Don Latino. —Te convido a unas tintas[400]. ¿Qué dices?
Dorio de Gadex. —Ya sabe usted que soy un hombre complaciente, Don Latino.

(Desaparecen en la rojiza penumbra del corredor, largo y triste, con el gato al pie del botijo, y el reflejo almagreño[401] de los baldosines. Claudinita los ve salir encendidos de ira los ojos. Después se hinca a llorar con una crisis nerviosa, y muerde el pañuelo que estruja entre las manos.)

Claudinita. —¡Me crispa! ¡No puedo verlo! ¡Ese hombre es el asesino de papá!
Madama Collet. —¡Por Dios, hija, no digas demencias!
Claudinita. —El único asesino. ¡Le aborrezco!
Madama Collet. —Era fatal que llegase este momento, y sabes que lo esperábamos... Le mató la tristeza de verse ciego... No podía trabajar y descansa.
Clarinito. —Verá usted cómo ahora todos reconocen su talento.

---

400 Copas de vino tinto.
401 De color rojizo.

PÉREZ. —Ya no proyecta sombra.
MADAMA COLLET. —Sin el aplauso de ustedes, los jóvenes que luchan pasando mil miserias, hubiera estado solo, estos últimos tiempos.
CLAUDINITA. —¡Más solo que estaba!
PÉREZ. —El maestro era un rebelde como nosotros.
MADAMA COLLET. —¡Max, pobre amigo, tú solo te mataste! ¡Tú, solamente, sin acordar de estas pobres mujeres! ¡Y toda la vida has trabajado para matarte!
CLAUDINITA. —¡Papá era muy bueno!
MADAMA COLLET. —¡Sólo fué malo para sí!

(Aparece en la puerta un hombre alto, abotonado, escueto, grandes barbas rojas de judío anarquista, y ojos envidiosos, bajo el testuz de bisonte obstinado. Es un fripón periodista alemán, fichado en los registros policíacos como anarquista ruso, y conocido por el falso nombre de Basilio Soulinake.)[402]

---

402 En tal estrafalaria figura, se ha visto (y lo vió el aludido) una personificación burlesca, por parte de Valle-Inclán, del intelectual y escritor letón, Ernesto Bark, llegado a España y que fuera tan activo en el medio de la segunda promoción de la bohemia española (fue uno de los fundadores de la revista *Germinal*) y hasta las fechas de *Luces de bohemia,* saliendo de España en 1922. Gran amigo de Sawa, a quien consideró como la figura estelar de la bohemia española. El mismo Alejandro Sawa escribió un elogio de él, en «De mi iconografía» de *Iluminaciones en la sombra* 213-214). Donde acaba diciendo « ... que es inmensamente hombre de corazón y de cerebro, el peregrino apasionado de la Verdad y de la Justicia». Estuvo presente, al igual que Valle-Inclán en el velorio de de Alejandro Sawa, y quizá dijera unas palabras cuestionando sobre si efectivamente estaba muerto, algo que, igualmente, parece que sostuvo Valle-Inclán, con su dolor y por no dar como muerto al querido amigo, lo cual parece dio pie para ser vertido esperpénticamente en esta Escena, vinculando lo trágico grotesco con lo cómico. Para exculpar a Valle-Inclán, de la injuriosa asociación de tal personaje con Ernesto Bark, diré que es un puro ser de ficción inventado por él. En cuanto al real Ernesto Bark, añado que, en 1913, publicó un Manifiesto sobre «La Santa bohemia»; el de una Organización, concebida junto con Alejandro Sawa antes de su muerte, la cual tendría una Comisión

Basilio Soulinake. —¡Paz a todos!
Madama Collet[403]. —¡Perdone usted, Basilio! ¡No tenemos siquiera una silla que ofrecerle!
Basilio Soulinake. —¡Oh! No se preocupe usted de mi persona. De ninguna manera. No lo consiento, Madama Collet. Y me dispense usted a mí si llego con algún retraso, como la guardia valona[404], que dicen ustedes siempre los españoles[405]. En la taberna donde comemos algunos emigrados eslavos, acabo de tener la referencia de que había muerto mi amigo Máximo Estrella. Me ha dado el periódico el chico de Pica Lagartos. ¿La muerte vino de improviso?
Madama Collet. —¡Un colapso! No se cuidaba.
Basilio Soulinake. —¿Quién certificó la defunción? En España son muy buenos los médicos, y como los mejores de otros países. Sin embargo, una autoridad completamente mundial les falta a los españoles. No es como sucede en Alemania. Yo tengo estudiado durante diez años medicina, y no soy doctor. Mi primera impresión

---

purificadora cuidando de separar los auténticos bohemios de los de la Golfemia. En ella, Don Latino quedaría fuera. Qué distinta, la descripción de este Basilio Soulinake, de su homónimo, el «visionario» Pedro Soulinake de *La lámpara maravillosa,* a quien Valle-Inclán presentaba «de barbas apostólicas y claros ojos de mar», correspondiéndose mejor con el verdadero Ernesto Bark.

403 *COLLET*
404 Guardia Valona: creada, en un principio, como un regimiento holandés en 1596, y trasladada a España tras la pérdida de los territorios en los Países Bajos. Por su falta de relieve y poca eficacia, en el presente, dio origen al dicho popular. Nótese, el ingenioso juego con el lenguaje del español aprendido por Basilio Soulinake del que se vale Valle-Inclán, en el cual usa dichos, latiguillos, y términos científicos, entremezclados, como en el caso de madame Collet, con giros sintácticos de su propio idioma.
405 De gran interés tal latiguillo, y dentro de la polifonía de voces, del extranjero para validar su conocimiento del idioma y de las gentes españolas.

al entrar aquí ha sido la de hallarme en presencia de un hombre dormido, nunca de un muerto. Y en esa primera impresión me empecino, como dicen los españoles. Madama Collet, tiene usted una gran responsabilidad. ¡Mi amigo Max Estrella no está muerto! Presenta todos los caracteres de un interesante caso de catalepsia.

(Madama Collet y Claudinita se abrazan con un gran grito, repentinamente aguzados los ojos, manos crispadas, revolantes sobre la frente las sortijillas del pelo. Seña Flora la portera llega acezando[406]: La pregonan el resuello y sus chancletas.)

La Portera. —¡Ahí está la carroza! ¿Son ustedes suficientes para bajar el cuerpo del finado difunto? Si no lo son, subirá mi esposo.

Clarinito.—Gracias, nosotros nos bastamos.

Basilio Soulinake. —Señora portera, usted debe comunicarle al conductor del coche fúnebre, que se aplaza el sepelio. Y que se vaya con viento fresco. ¿No es así como dicen ustedes los españoles?

Madama Collet. —¡Que espere!... Puede usted equivocarse, Basilio.

La Portera. —¡Hay bombines y javiques[407] en la calle, y si no me engaño, un coche de galones[408]! ¡Cuidado lo que es el mundo, parece el entierro de un concejal! ¡No me pensaba yo que tanto representaba el finado! ¡Ma-

---

406 Jadeando, como se precisa a continuación, con «su resuello», aliento y respiración.
407 Bombines y jaquives: el bombín es un sombrero hongo, de cierta distinción, por lo que rima con jaquives, vocablo no identificado ni por Alonso Zamora Vicente, quien apunta a que podría aludir a chaqué.
408 Con todo lo que ve de cierto lujo, la portera expresa exclamativamente que parece se le prepara un entierro de primera. En la siguiente Escena veremos que no fue así.

dama Collet, qué razón le doy al gachó de la carroza? ¡Porque ese tío no se espera! Dice que tiene otro viaje en la calle de Carlos Rubio[409].

MADAMA COLET[410]— ¡Válgame Dios! Yo estoy incierta.

LA PORTERA. —¡Cuatro Caminos! ¡Hay que ver, más de una legua, y no le queda tarde!

CLAUDINITA. —¡Que se vaya! ¡Que no vuelva!

MADAMA COLET[411]— Si no puede esperar... Sin duda...

LA PORTERA. —Le cuesta a usted el doble, total por tener el fiambre[412] unas horas más en casa. ¡Deje usted que se lo lleven, Madama Collet!

MADAMA COLLET. —¡Y si no estuviese muerto!

LA PORTERA. —¡Que no está muerto! Ustedes sin salir de este aire, no perciben la corrupción que tiene.

BASILIO SOULINAKE. —¿Podría usted decirme, señora portera, si tiene usted hecho estudios universitarios acerca de medicina? Si usted los tiene, yo me callo y no hablo más. Pero si usted no los tiene, me permitirá de no darle beligerancia, cuando yo soy a decir que no está muerto, sino cataléptico.

LA PORTERA. —¿Que no está muerto? ¡Muerto y corrupto!

BASILIO SOULINAKE. —Usted, sin estudios universitarios, no puede tener conmigo controversia. La democracia no excluye las categorías técnicas, ya usted lo sabe, señora portera.

---

409 La calle, en el barrio obrero de Cuatro Caminos, fue nombrada en honor de Carlos Rubio, heroico bohemio y destacado escritor de la primera promoción, a quien vengo aludiendo, de tanta solidaridad con los obreros y los pobres. ¿Es solamente una casualidad que se mencione esta calle de su nombre?
410 *COLLET*
411 *COLLET*
412 Alusivo al cadáver en el lenguaje coloquial, popular. Curiosamente, el cochero volverá a usar el mismo término, aunque añadiendo, algo que no hace la portera, tan desenvuelta, «Y perdonen ustedes si he faltado».

La Portera. —¡Un rato largo! ¿Con que no está muerto? ¡Habría usted de estar como él! Madama Collet, tiene usted un espejo? Se lo aplicamos a la boca y verán ustedes como no lo alienta.

Basilio Soulinake. —¡Esa es una comprobación anticientífica! Como dicen siempre ustedes todos los españoles: Un me alegro mucho de verte bueno. ¿No es así como dicen?

La Portera. —Usted ha venido aquí a dar un mitin, y a soliviantar con alicantinas[413] a estas pobres mujeres, que harto tienen con sus penas y sus deudas.

Basilio Soulinake. —Puede usted seguir hablando, señora portera. Ya ve usted que yo no la interrumpo.

(Aparece en el marco de la puerta el cochero de la carroza fúnebre: Narices de borracho, chisterón viejo con escarapela[414], casaca de un luto raído, peluca de estopa, y canillejas negras.)

El Cochero. —¡Que son las cuatro y tengo otro parroquiano en la calle de Carlos Rubio!

Basilio Soulinake. —Madama Collet, yo me hago responsable, porque he visto y estudiado casos de catalepsia en los hospitales de Alemania. ¡Su esposo de usted, mi amigo y compañero Max Estrella, no está muerto!

La Portera. —¿Quiere usted no armar escándalo, caballero? Madama Collet, dónde tiene usted un espejo?

Basilio Soulinake. —¡Es una prueba anticientífica!

El Cochero. —Póngale usted un mixto encendido en el

---

413 Alicantinas, treta o palabras engañosas en el lenguaje coloquial.
414 Escarapela, divisa con sus cintas de colores que se coloca sobre el sombrero, el «chisterón», de chistera, del cochero.

dedo pulgar de la mano. Si se consume hasta el final, está tan fiambre como mi abuelo. ¡Y perdonen ustedes si he faltado!

(El cochero fúnebre arrima la fusta a la pared, y rasca una cerilla. Acucándose[415] *ante el ataúd, desenlaza las manos del muerto, y una vuelve por la palma amarillenta: En la yema del pulgar le pone la cerilla luciente, que sigue ardiendo y agonizando. Claudinita con un grito estridente*[416] *tuerce los ojos, y comienza a batir la cabeza contra el suelo.)*

CLAUDINITA. —¡Mi padre! ¡Mi padre! ¡Mi padre querido!

---

415 Acucándose: encorvándose.
416 De nuevo, en este fúnebre escenario, el «grito estridente» de Claudita por la muerte de su padre, nos remite a otros gritos (recordemos lo dicho por Valle-Inclán que el teatro español debería ser uno de «escenarios y gritos»), los desgarradores de la mujer por su hijo asesinado, y los de protesta de de Max Estrella contra todas las injusticias y atropellos que ve, y él mismo vive, en su última andariega noche. En relación con la visión plástica del expresionismo el Max Estrella que dijera, en la escena undécima, «Latino ya no puedo gritar», nos llevaba a evocar el cuadro de Edvard Munch», «El Grito». En el grito final de Claudinita; «¡Mi padre! ¡Mi padre! ¡Mi padre querido!», no hay nada de esperpéntico, cerrando la Escena con un desgarrador sentimiento de dolor y amor. Aquí el autor, se planta de pie, cara a cara, con Claudinita, y hasta arrodillándose ante ella y la tragedia que vive. Por otra parte, el grito de dolor-amor de la hija, más el, tan sentido, breve intercambio anterior de madre e hija, «¡Papá, era muy bueno!, «¡Sólo fue malo para sí!», añadía la madre, sirve para paliar si no desmentir, el juicio de tantos críticos que hablan del abandono que el «encanallado» Max Estrella tenía a mujer e hija.

Escena Décima Cuarta[417]

(UN PATIO EN EL CEMENTERIO DEL ESTE. La tarde fría. El viento adusto. La luz de la tarde sobre los muros de lápidas, tiene una aridez agresiva. Dos sepultureros apisonan la tierra de una fosa. Un momento suspenden la tarea: Sacan lumbre del yesquero[418], y las colillas de tras la oreja. Fuman sentados al pie del hoyo.)

---

417 *Decimacuarta*. Un último y final nuevo escenario, el del madrileño Cementerio Civil del Este, donde fueron a parar tantos de los bohemios históricos y antes del envejecimiento. Escena de esplendor, homenaje al brillante Modernismo y a Max Estrella, por parte de Rubén Darío, ya enterrado por aquellas fechas (muerto en 1916), y el encarnado marqués de Bradomín, con todo lo que tuvo de proyección de su autor, y ya muy anciano y cercano a dar en la tumba. Ensalza la Escena, la literatización de la iluminadora referencia a la del cementerio del *Hamlet* en el entierro de Ofelia, en la parte primera del acto V y último de la gran tragedia. Homenaje, también a Shakespeare, tan admirado por Valle-Inclán y presente en su Nuevo Teatro. Asimismo, tenemos el referente histórico del entierro de Alejandro Sawa, en el cual Valle-Inclán estuvo presente y ausente Rubén Darío, tan amigo de Sawa, pero muy miedoso de la muerte, quizá por eso, le reviva el autor y le traiga al cementerio, para continuar, con Bradomín, y cara a la muerte, la conversación que tuvo con Max Estrella en el elegante Café madrileño.

Si en *Hamlet,* quienes entraban en el cementerio eran Hamlet y Horacio, personajes de la aristocracia, aquí lo hacen Rubén Darío y el Marqués de Bradomín, arruinado; ambos, también de la «aristocracia», pero la del arte y la cultura. La Escena comienza, como la de *Hamlet*, con dos sepultureros y hablando; en ambos casos, se proyecta el valor que, tanto Shakespeare como Valle Inclán, dieron a la sabiduría y la llaneza del pueblo. Ya el Marqués se había preguntado, respecto a los sepultureros, «¿Serán filósofos como los de Ofelia?», y, al final, tras hablar con ellos, concluye, «No sabéis mitología, pero sois dos filósofos estoicos». No obstante, aparte de esta coincidencia, sí hay una gran diferencia entre unos y otros; los sepultureros de *Hamlet*, dentro de un orden social y político, el del Antiguo Régimen, totalmente anclado, «filosofan» sobre temas morales: el suicidio con relación

Un Sepulturero. —Ese sujeto era un hombre de pluma.
Otro Sepulturero. —¡Pobre entierro ha tenido![419]
Un Sepulturero. —Los papeles lo ponen por hombre de mérito[420].
Otro Sepulturero. —En España el mérito no se premia. Se premia el robar y el ser sinvergüenza. En España se premia todo lo malo.
Un Sepulturero. —¡No hay que poner las cosas tan negras!
Otro Sepulturero. —¡Ahí tienes al Pollo del Arete[421]!
Un Sepulturero. —¿Y ese qué ha sacado?
Otro Sepulturero. —Pasarlo como un rey siendo un malasangre. Míralo disfrutando a la viuda de un concejal.
Un Sepulturero. —Dí un ladrón del Ayuntamiento.
Otro Sepulturero. —Ponlo por dicho. ¿Te parece que una mujer de posición se chifle así por un tal sujeto?
Un Sepulturero. —Cegueras. Es propio del sexo.
Otro Sepulturero. —¡Ahí tienes el mérito que triunfa! ¡Y para todo la misma ley!
Un Sepulturero. —¿Tú conoces a la sujeta? ¿Es buena mujer?

---

al de Ofelia, y lo de «polvo somos y en polvo nos convertiremos», de lo que, también, hablan Rubén Darío y el Marqués; el uno, ya muerto en vida, y el otro mirándose en la calavera de Yorik, el bufón del rey que tanta gracia hiciera a Hamlet. Por otra parte, los sepultureros del esperpento, contrario a los de *Hamlet*, «filosofan» sobre la corrupción y abusos a lo que se presta tanto el sistema político-social vigente, y de las penurias que padecen ellos como trabajadores dentro de tal régimen, tema tan central de la obra.

418 Encendedor de mecha y yesca.
419 Contrario a lo que preveía la portera en la Escena anterior al que consideraba ostentoso entierro como el de un concejal.
420 La Prensa, contradiciendo a lo que esperaba Max, basándose en lo dicho por el obrero catalán, y a punto de morir, y aunque los periódico le cerraran las puertas al final de su vida, según oímos, si valoró la importancia de Max Estrella, una vez muerto.
421 Corrupto y oportunista funcionario del quien ni se nos da su nombre.

Otro Sepulturero. —Una mujer en carnes. ¡Al andar, unas nalgas que le tiemblan! ¡Buena[422]!
Un Sepulturero. —¡Releche con la suerte de ese gatera[423]!

(Por una calle de lápidas y cruces, vienen paseando y dialogando dos sombras rezagadas, dos amigos en el cortejo fúnebre de Máximo Estrella. Hablan en voz baja y caminan lentos, parecen almas imbuídas[424] del respeto religioso de la muerte. El uno, viejo caballero con la barba toda de nieve, y capa española sobre los hombros, es el céltico Marqués de Bradomín. El otro es el índico y profundo Rubén Darío.)

Rubén. —¡Es pavorosamente significativo, que al cabo de tantos años nos hayamos encontrado en un cementerio!
El Marqués. —En el Campo Santo. Bajo ese nombre adquiere una significación distinta nuestro encuentro, querido Rubén.
Rubén. —Es verdad. Ni cementerio, ni necrópolis. Son nombres de una frialdad triste y horrible, como estudiar Gramática. ¿Marqués, qué emoción tiene para usted necrópolis?
El Marqués. —La de una pedantería académica.
Rubén. —Necrópolis para mí es como el fin de todo, dice

---

422 Hay, aquí, un juego de palabras con este exclamativo «¡Buena!», aludiendo no al ser buena sino al «estar buena», frase coloquial de lenguaje patriarcal alusivo al atractivo de una mujer de «carnes apetecibles», para seguir con tal lenguaje llamado a desaparecer en nuestros días.
423 Voz del habla madrileña: pícaro, pillo.
424 *imbuidas*

lo irreparable y lo horrible, el perecer sin esperanza en el cuarto de un Hotel. ¿Y Campo Santo? Campo Santo tiene una lámpara.

El Marqués. —Tiene una cúpula dorada. Bajo ella resuena religiosamente, el terrible clarín extraordinario, querido Rubén!

Rubén. —Marqués, la muerte muchas veces sería amable, si no existiese el terror de lo incierto. ¡Yo hubiera sido feliz hace tres mil años en Atenas!

El Marqués. —Yo no cambio mi bautismo de cristiano, por la sonrisa de un cínico griego. Yo espero ser eterno por mis pecados.

Rubén. —¡Admirable!

El Marqués. —En Grecia quizá fuese la vida más serena que la vida nuestra...

Rubén. —¡Solamente aquellos hombres han sabido divinizarla!

El Marqués. —Nosotros divinizamos la muerte. No es más que un instante la vida, la única verdad es la muerte... Y de las muertes, yo prefiero la muerte cristiana.

Rubén. —¡Admirable filosofía de hidalgo español! ¡Admirable! ¡Marqués, no hablemos más de Ella![425]

(Callan y caminan en silencio. Los sepultureros, acabada de apisonar la tierra, uno tras otro beben a chorro de un mismo botijo. Sobre el muro de lápidas blancas, las dos figuras acentúan su contorno negro. Rubén Darío y el Marqués de Bradomín se detienen ante la mancha oscura de la tierra removida.)[426]

---

[425] Tan distintas estas reflexiones sobre la muerte a las agónicas vividas y oídas en la Escena 12; ahora, con Rubén y sus referencias a la Grecia antigua, y el marqués al cristianismo y con ecos de nuestro Barroco.

[426] Las «luces de Bohemia», y de la Bohemia, sepultadas, asimismo, por las sombras, lo negro y oscuro, que predomina en esta Escena

Rubén. —¿Marqués, cómo ha llegado usted a ser amigo de Máximo Estrella?
El Marqués. —Max era hijo de un capitán carlista que murió a mi lado en la guerra. ¿El contaba otra cosa?
Rubén. —Contaba que ustedes se habían batido juntos en una revolución, allá en México.
El Marqués. —¡Qué fantasía! Max nació treinta años después de mi viaje a México. ¿Sabe usted la edad que yo tengo? Me falta muy poco para llevar un siglo a cuestas. Pronto acabaré, querido poeta.
Rubén. —¡Usted es eterno, Marqués!
El Marqués. —¡Eso me temo, pero paciencia!
(Las sombras negras de los sepultureros -al hombro las azadas lucientes-, se acercan por la calle de tumbas. Se acercan.)
El Marqués. —¿Serán filósofos, como los de Ofelia?
Rubén. —¿Ha conocido usted alguna Ofelia, Marqués?
El Marqués. —En la edad del pavo todas las niñas son Ofelias. Era muy pava aquella criatura, querido Rubén. ¡Y el príncipe, como todos los príncipes, un babieca!
Rubén. —¿No ama usted al divino William?
El Marqués. —En el tiempo de mis veleidades literarias, lo elegí por maestro. ¡Es admirable! Con un filósofo tímido, y una niña boba en fuerza de inocencia, ha realizado el prodigio de crear la más bella tragedia. Querido Rubén, Hamlet y Ofelia, en nuestra dramática española serían dos tipos regocijados. ¡Un tímido y una

---

de despedida. Del entierro de Max Estrella, se podría decir lo que Miguel Sawa dijo del de Pelayo del Castillo, fallecido el 4 de enero de 1883: «No hay coronas ni flores en su sepultura», en un artículo en *Don Quijote*, revista que llegó a dirigir; recogido en *Los proletarios del arte* 94-95.

niña boba, lo que hubieran hecho los gloriosos hermanos Quintero![427]

RUBÉN. —Todos tenemos algo de Hamletos.

EL MARQUÉS. —Usted, que aún galantea. Yo con mi carga de años estoy más próximo a ser la calavera de Yorik.

UN SEPULTURERO. —Caballeros, si ustedes buscan la salida, vengan con nosotros. Se va a cerrar.

EL MARQUÉS. —¿Rubén, qué le parece a usted, quedarnos dentro?

RUBÉN. —¡Horrible!

EL MARQUÉS. —Pues entonces sigamos a estos dos.

RUBÉN. —¿Marqués, quiere usted que mañana volvamos para poner una cruz sobre la sepultura de nuestro amigo?

EL MARQUÉS. —¡Mañana! Mañana, habremos los dos olvidado ese cristiano propósito.

RUBÉN. —¡Acaso!

(En silencio y retardándose, siguen por el camino de los sepultureros que, al revolver los ángulos de las calles de tumbas, se detienen a esperarlos.)

EL MARQUÉS. —Los años no me permiten caminar más de prisa.

UN SEPULTURERO. —No se excuse usted, caballero[428].

EL MARQUÉS. —Pocos me faltan para el siglo.

---

[427] «Los gloriosos hermanos Quintero», Serafín y Joaquín Álvarez Quintero, copaban el teatro comercial del momento, y de quienes Valle-Inclán dijera, en una ocasión, con su acerada ironía, que la renovación del teatro español pasaba por su muerte.

[428] Afable diálogo del marqués con el sepulturero, dentro de una tradición de un estilo democrático que también se da en la literatura española y, aflorando a la superficie de la Escena, el tema de la injusticia social y la solidaridad con los obreros. ¡Qué distinto este Bradomín del que andaba entre princesas!

Otro Sepulturero. —¡Ya habrá usted visto entierros!
El Marqués. —Si no sois muy antiguos en el oficio, probablemente más que vosotros. ¿Y se muere mucha gente esta temporada?
Un Sepulturero. —No falta faena. Niños y viejos.
Otro Sepulturero. —La caída de la hoja siempre trae lo suyo[429].
El Marqués. —¿A vosotros os pagan por entierro?
Un Sepulturero. —Nos pagan un jornal de tres pesetas, caiga lo que caiga. Hoy, a como está la vida, ni para mal comer. Alguna otra cosa se saca. Total, miseria[430].

---

429 Varios críticos se basan en la frase para decir que la escena está sucediendo en el otoño y apuntando a que hay una contradicción; algo posible dentro de la aglutinación de tiempos distintos que se da en la obra, pues en la décima se dice que es una noche primaveral. Ya señalé que la acción, por la huelga que aparece en ella, trascurre en el mes de abril. En esta frase se habla de que en la temporada de la caída de la hoja, el otoño, les va mejor a los sepultureros, pero no que estén, ahora, en el otoño, aunque, dentro de los anacronismos temporales, al autor le pareciera apropiado presentar aquí, acentuado lo de la muerte, una Escena otoñal.

430 Aparte de la denuncia de los sueldos miserables de los obreros españoles en la España de la época, de una sociedad que en la pieza, se abarca, con el juego del tiempo, desde principios de siglo hasta 1923, el número 3 nos lleva a ese juego con los números que se da en ella. En este caso, las 3 pesetas que reciben los sepultureros remiten a las 3 pesetas que dice Don Latino haber recibido por los libros vendidos, 3 pesetas es lo que Don Gay, decía que constaba un desayuno de cierto lujo en Madrid, aunque superado por uno por casi nada en el Asilo de Londres, tres pesetas costaba el premio de lotería comprado por Max. También por el empeño de la capa, Max recibió nueve pesetas, 3 veces tres. Varios críticos se han ocupado el simbolismo de los números en *Luces de Bohemia*. Recordemos que, como fijara Juan-Eduardo Cirlot, el número tres, representa «Síntesis espiritual. Formula de cada uno de los mundos creados» y, también «Número idea del cielo y de la Trinidad» (*Diccionario de símbolos* 329), lo cual nos lleva a cuestiones teosóficas tratadas por Valle-Inclán en *La lámpara maravillosa* y con su proyección en *Luces de bohemia*. Ya en la Escena novena, Don Latino dijera: «Pero de la Trina Unidad (tan tratada en *La lámpara maravillosa*), se desprende el Número ¡Por eso el Número es Sagrado!», Contamos con varios estudios sobre los números en *Luces de bohemia*. Como referencia, señalo el de la Introducción de Gregorio Torres Nebrera a su edición de *Luces de* bohemia.

Otro Sepulturero. —En todo va la suerte. Eso lo primero.
Un Sepulturero. —Hay familias que al perder un miembro, por cuidarle de la sepultura, pagan uno o dos o medio. Hay quien ofrece y no paga. Las más de las familias pagan los primeros meses. Y lo que es el año, de ciento una. ¡Dura poco la pena!
El Marqués. —¿No habéis conocido ninguna viuda inconsolable?
Un Sepulturero. —¡Ninguna! Pero pudiera haberla.
El Marqués. —¿Ni siquiera habéis oído hablar de Artemisa y Mausoleo?[431]
Un Sepulturero. —Por mi parte, ni la menor cosa.
Otro Sepulturero. —Vienen a ser tantas las parentelas que concurren a estos lugares, que no es fácil conocerlas a todas.

(Caminan muy despacio. Rubén, meditabundo, escribe alguna palabra en el sobre de una carta. Llegan a la puerta, rechina la verja negra. El Marqués, benevolente, saca de la capa su mano de marfil, y reparte entre los enterradores algún dinero.)

---

431 No hay burla, ni ironía como cuando Max preguntaba al inculto capitán si sabía los cuatro dialectos griegos, el hidalgo marqués trata con todo respeto a los obreros, quizá suponiendo que por lo de Mausoleo podría conocer tal historia. Tampoco hay esperpentismo en esta Escena. Me gustaría ver que Valle-Inclán, con lo que dice el marqués, apuntara al ideal de la sociedad comunista soñada por Marx, en que los obreros pudieran gozar de tiempo libre para cultivar la cultura, el arte y las lecturas literarias. El marqués pone el ejemplo de Artemisa, al preguntar a los sepulturero, y, aquí, sí con ironía, si no han conocido ninguna «viuda inconsolable», a lo que el sepulturero dice que no. La mítica Artemisa, sí fue inconsolable y erigió un sepulcro de gran lujo para su difunto marido, Mausulo; de ahí nos llega lo de «Mausoleo», como sepulcro suntuoso.

El Marqués. —No sabéis mitología, pero sois dos filósofos estoicos. Que sigáis viendo muchos entierros.
Un Sepulturero. —Lo que usted ordene. ¡Muy agradecido!
Otro Sepulturero. —Igualmente. Para servir a usted, caballero.

(Quitándose las gorras, saludan y se alejan. El Marqués de Bradomín, con una sonrisa, se arrebuja en la capa. Rubén Darío conserva siempre en la mano el sobre de la carta donde ha escrito escasos renglones. Y dejando el socaire de unas bardas, se acerca a la puerta del cementerio el coche del viejo Marqués.)

El Marqués. —¿Son versos, Rubén? ¿Quiere usted leérmelos?
Rubén. —Cuando los haya depurado. Todavía son un monstruo.
El Marqués. —Querido Rubén, los versos debieran publicarse con todo su proceso, desde lo que usted llama monstruo, hasta la manera definitiva. Tendrían entonces un valor como las pruebas de agua-fuerte[432]. ¿Pero usted no quiere leérmelos?
Rubén. —Mañana, Marqués.
El Marqués. —Ante mis años, y a la puerta de un cementerio, no se debe pronunciar la palabra mañana. En fin, montemos en el coche, que aún hemos de visitar a un bandolero. Quiero que usted me ayude a venderle a un editor[433] el manuscrito de mis Memorias. Necesito dinero. Estoy completamente arruinado, desde que tuve

---
432 *aguafuerte*
433 En la versión de 1920, en lugar de «un editor», se decía al «Buey Apis»

la mala idea de recogerme a mi Pazo de Bradomín. ¡No me han arruinado las mujeres, con haberlas amado tanto, y me arruina la agricultura![434]

Rubén. —¡Admirable!

El Marqués. —Mis Memorias se publicarán después de mi muerte[435]. Voy a venderlas como si vendiese el esqueleto. Ayudémonos.

---

[434] Con tal situación, se acentúa el paralelo entre el Marqués de Bradomín y Valle-Inclán, pues también tuvo su retiro en la finca gallega La Merced, dedicado a la labrantina, ¿emulando a su admirado Tolstoi?; algo que terminó en bastante fracaso. El «ayudémonos» final apunta a lo que sigue tan vigente en el presente, la dificultad de publicar una obra de valor que no encaje en un medio tan dominado por el comercialismo de los libros de «mayor venta». Ya Valle-Inclán, en una entrevista el 9 de agosto de 1933, se lamentaba: «Pero ahora no puede editarse nada. Hoy el literato en España es un parado al que el Gobierno no atiende, y tiene, sin embargo, extraordinaria influencia e importancia enorme» (*Entrevistas, Conferencias y Cartas* 577).

[435] Lastima que Valle-Inclán, quien proyecta tanto del interior de sí mismo en sus obras, no nos dejara sus «Memorias» escritas; hubieran sido otra gran obra literaria. Podría haber acabado aquí *Luces de bohemia*; unas luces que, también, iluminaron a Rubén Darío y a Valle-Inclán, a sus vidas y obras, pero el autor concluye su obra, fundiendo tales luces en el descarnado esperpento y satirizando las zarzuelas y juguetes cómicos populares de los que parte su pieza teatral, con la vuelta a la taberna de Pica Lagartos y fundiendo el 3 de la Escena con el 15 de la última: número del cual Juan-Eduardo Cirlot nos dice que «y también se relaciona con el diablo» (*Diccionario de símbolos* 331). ¿Diabólico final de *Luces de bohemia*? Algo de ello, pudiéramos ver en la Escena próxima del post-morten de Máximo Estrella, la cual sin las luces de su nombre, muestra toda la sordidez del mundo que se ha venido tratando y, en donde, deviene protagonista un don Latino, convertido en un títere satanizado al quedarse con el dinero del décimo de Max premiado.

Escena Última[436]

(LA TABERNA DE PICA LAGARTOS. —Lobreguez con un temblor de acetileno[437]. —Don Latino de Hispalis, ante el mostrador, insiste y tartajea convidando al Pollo del Pay-pay[438]. Entre traspiés y traspiés, da la pelma[439].)

Don Latino. —¡Beba usted, amigo! ¡Usted no sabe la pena que rebosa mi corazón! ¡Beba usted! ¡Yo bebo sin dejar cortinas![440]

---

436 Escena final, y gran anticlimax del trágico-cómico esperpento, aquí las luces tembladoras del acetileno, y engolfadas, y como punto final en la llamada «Golfemia», con Don Latino elevado al personaje central, como usurpando el lugar dejado por Max Estrella. Escena, nuevamente en la taberna, dentro de la estructura circular, antitética de la anterior. En contraste con el diálogo entre Rubén Darío y el marqués de Bradomín, culto y con puntualizaciones lexicales, y de tema elevado, nos encontramos con el disparadero verbal, lleno de casticismos en la lóbrega taberna de Pica-Lagarto, en torno a un robo de dineros. El dinero, el «poderoso caballero», como le llamara Quevedo, al que dieron la espalda los bohemios históricos, se adueña del esperpento. Vuelve, también, Valle-Inclán, a retomar una escena propia del sainete castizo para trasformarla en la final de su esperpento: la cuestión del décimo premiado tiene su intertextualidad, como ya señalé, con el final del juguete cómico *El que nace para ochavo* (1883), del renombrado bohemio histórico Pelayo del Castillo, muerto en condiciones parecidas a las de Max Estrella, como he mencionado.

437 En tal lobreguez y temblor quedan ya apagadas las «luces de bohemia»; aunque tal temblor lumínico ya las fuera apagado a través de la pieza: temblor de la «palmatoria pringosa», en la Librería de Zaratrusta, al iniciarse la odisea de Max Estrella; el de la luz de acetileno «con su parpadeo azul» en esta misma taberna en la escena Tercera; «Temblor verde y macilento» de «la llama de los faroles, en la Escena Cuarta; «temblor de los arcos voltaicos», en el Café del encuentro de Max Estrella con Rubén Darío y el de la «cerilla luciente» en la yema del pulgar de Max Estrella «ardiendo y agonizado», comprobando su muerte.

438 Pay pay, un abanico en forma de pala, quizás usado por el «pollo» macarra para darse aíres.

439 Dar la pelma, dar la lata o el latazo.

440 Llegando al fondo del vaso, lo cual, indirectamente, lo podemos

EL POLLO. —Porque usted no es castizo.

DON LATINO. —¡Hoy hemos enterrado al primer poeta de España! ¡Cuatro amigos en el cementerio! ¡Acabóse! ¡Ni una cabrona representación de la Docta Casa! ¿Qué te parece, Venancio?

PICA LAGARTOS. —Lo que usted guste, Don Latí.

DON LATINO. —¡El Genio brilla con luz propia! ¿Que no, Pollo?

EL POLLO. —Que sí, Don Latino.[441]

DON LATINO. —¡Yo he tomado sobre mis hombros, publicar sus escritos! ¡La honrosa tarea! ¡Soy su fideicomisario! Nos lega una novela social, que está a la altura de «Los Miserables». ¡Soy su fideicomisario! Y el producto íntegro de todas las obras, para la familia. ¡Y no me importa arruinarme publicándolas![442] ¡Son deberes de la amistad! ¡Semejante al nocturno peregrino, mi esperanza inmortal no mira al suelo! ¡Señores, ni una representación de la Docta Casa![443] ¡Eso sí, los cuatro amigos,

---

relacionar con lo que dijera Max, a propósito del esperpento, que el espejo cóncavo, en que se mira, está «en el fondo del vaso», en él que se ve metido Don Latino.

441 Otro inesperado ejemplo de la literatización, tan frecuente, en la pieza, la siguiente frase de Don Latino la «roba» de los dos versos iniciales de un poema del modernista mexicano Salvador Díaz Mirón, que Valle-Inclán publicara; «Semejante al nocturno peregrino, / mi esperanza inmortal no mira al suelo ... », versos que mejor hubieran sonado en labios de Max Estrella, pues sintetizan su deambular nocturno, y el de los poetas bohemios y modernistas, alzando la mirada, desde el suelo, al «azul celestial», como ya lo indicaba la «Estrella», completando el nombre de Max. En eso igualmente hay una cierta proyección simbólica de *La lámpara maravillosa*, con la de la estrella, tan valorada, como luz astral, aunque en Max ande por lo suelos y confundida con la «Mala Estrella».

442 Curiosamente, Don Latino, con lo que tenía de ser el otro, el «golfemio», de Max Estrella, muerto éste, y convertido en el protagonista, parece sentirse su alter ego, y queriéndose apropiar, también, de su obra.

443 La Docta Casa, la Real Academia Española, contra la cual Marx, al igual que Valle-Inclán, lanzaba sus dicterios, aunque, también, podría ser, pero más dudoso, como afirma Alonso Zamora Vicente en su Glosario, el Ateneo madrileño. Curiosamente, y

cuatro personalidades! El Ministro de la Gobernación, Bradomín, Rubén y este ciudadano[444]. ¿Que no, Pollo?

El Pollo. —Por mí, ya puede usted contar que estuvo la Infanta.

Pica Lagartos. —Me parece mucho decir que se halló la política representada en el entierro de Don Max. Y si usted lo divulga, hasta podrá tener para usted malas resultas.

Don Latino. —¡Yo no miento! ¡Estuvo en el cementerio el Ministro de la Gobernación! ¡Nos hemos saludado!

El Chico de la Taberna. —¡Sería Fantomas![445]

Don Latino. —Calla tú, mamarracho. ¡Don Antonio Maura estuvo a dar el pésame en la casa del Gallo!

El Pollo. —José Gómez, Gallito, era un astro, y murió en la plaza, toreando muy requetebién, porque ha sido el rey de la tauromaquia[446].

---

por lo de «cabrona», suponemos, en la representación del Teatro Del Sol, en el 2014, se censura tal frase. Lo de censurar frases, que pudieran ser hoy hirientes, se sucede en varias de las representaciones de *Luces de bohemia*, incluyendo las de Tamayo en 1970-71, y la tan celebrada de Lluis Pascal, en 1984; razón de más, para que, junto al asistir a las representaciones o verlas en *YouTube*, sea necesario, para conocer la obra sin supresiones o alteraciones, leer alguna de las ediciones de la obra publicada en 1924.

444 Como casi todo lo que dice Don Latino, no sabemos si es cierto, o no, el que él y el Ministro de la Gobernación, tan amigo de Max en un tiempo, estuvieran presentes en el entierro. No vemos, ni oímos nada de ellos, sin embargo, en la anterior escena en el cementerio, cuando se presenta a Rubén Darío y al marqués de Bradomín, se nos dice: « ... dos sombras rezagadas, dos amigos en el cortejo fúnebre de Máximo Estrella», apuntando a que pudiera haber habido otras personas en tal cortejo.

445 Fantomas, muy popular protagonista de una serie de novelas policíacas, de Marcel Allain y Pierre Souvestre, 1911, llevado al cine francés en aquellas fechas.

446 Volvemos al tema de la tauromaquia, y a la rivalidad entre Joselito el Gallo y Juan Belmonte, quien fuera tan amigo, y en una ocasión vecino, de Valle-Inclán. En aquellas fechas los toros y toreros gozaban del gran favor público que, en nuestros días, tiene el fútbol y los futbolistas. Tengamos muy presente, como ya advertí, que mucho del sentido ritual de las corridas de toros, sería para Valle-Inclán, un elemento clave para la renovación del teatro español, lo cual trae a sus esperpentos. Contamos con el

Pica Lagartos. —¿Y Terremoto, u séase Juan Belmonte?
El Pollo. —¡Un intelectual[447]!
Don Latino. —Niño, otra ronda. ¡Hoy es el día más triste de mi vida! ¡Perdí un amigo fraternal y un maestro! Por eso bebo, Venancio.
Pica Lagartos. —¡Que ya sube una barbaridad la cuenta, Don Latí! Tantéese usted, a ver el dinero que tiene. ¡No sea caso!
Don Latino. —Tengo dinero para comprarte a ti, con tu tabernáculo[448].

(Saca de las profundidades del carrik[449] un manojo de billetes, y lo arroja sobre el mostrador, bajo la mirada torcida del chulo y el gesto atónito de Venancio. El chico de la taberna se agacha por alcanzar entre las zancas[450] barrosas del curda, un billete revolante. La Niña Pisa-Bien, amurriada[451] en un rincón de la tasca, se retira el pañuelo de la frente, y espabilándose fisga hacia el mostrador.)

---

libro de Prudencio Iglesias Hermida, *La España trágica: desde Pedro Romero a Belmonte* (1913). Con prólogo del torero Luis Mazzantini, quien se anuncia en la portada, en letra pequeña, con esta curiosa y llamativa entrada: «Recuerdos de su vida. Opiniones del rey del volapié acerca de los héroes actuales del toreo»

447 Otro ejemplo de cómo términos o eventos cultos saltaban de los libros populares, periódicos o corrillos de tertulias a ser parte del conocimiento popular y del lenguaje castizo madrileño. No es de extrañar, por lo tanto, que este pollo «macarra» utilice el vocablo de «intelectual» y parezca estar al tanto de que Belmonte se codeaba con escritores y artistas

448 Tabernáculo, recinto donde se guarda el sacramento de la comunión. Vemos, y emulado a Max, la soltura profana, irónica, cultista, para rebajar a la taberna, de Don Latino

449 *carrick*

450 Las zancas, las piernas

451 De murria, especie de tristeza, de estar una persona cabizbaja, con abatimiento, Valle-Inclán saca el verbo amurriar.

El Chico de la Taberna. —¿Ha heredado usted, Don Latí?

Don Latino. —Me debían unas pocas pesetas, y me las han pagado.

Pica Lagartos. —No son unas pocas.

La Pisa Bien. —¡Diez mil del ala!

Don Latino. —¿Te deben algo?

La Pisa Bien. —¡Naturaca! Usted ha cobrado un décimo que yo he vendido.

Don Latino. —No es verdad.

La Pisa Bien. —El 5.775.

El Chico de la Taberna. —¡Ese mismo número llevaba Don Max!

La Pisa Bien. —A fin de cuentas no lo quiso, y se lo llevó Don Latí. Y el tío roña, aún no ha sido para darme la propi[452].

Don Latino. —¡Se me había olvidado!

La Pisa Bien. —Mala memoria que usted se gasta.

Don Latino. —Te la daré.

La Pisa Bien. —Usted verá lo que hace.

Don Latino. —Confía en mi generosidad ilimitada.

---

452 Roña, porquería, suciedad, aquí con el sentido figurado de «roñoso», mezquino, tacaño; «propi», propina. Lo que dice, La Pisa Bien, de que Don Max no lo quiso, puede ser una invención para ponerse a bien con Don Latino pues en una escena anterior, vimos que era Max quien lo cogía y diciendo que daría la propia cuando saliera premiado. De todos modos, puede dejar en el lector y en el espectador la duda de que no estuviera en la cartera que se llevara Don Latino, y que éste, según la Enriqueta dice, ya, anteriormente, lo habría tomado.

(El chico de la taberna se desliza tras el patrón, y a hurto, con una seña disimulada, le tira del mandil. Pica Lagartos echa la llave al cajón, y se junta con el chaval, en la oscuridad donde están amontonadas las corambres[453]*. Hablan expresivos y secretos, pero atentos al mostrador con el ojo y la oreja. La Pisa Bien le guiña a Don Latino.)*

La Pisa Bien. —¡Don Latí, me dotará usted con esas diez mil del ala!

Don Latino. —Te pondré piso.

La Pisa Bien. —¡Olé, los hombres!

Don Latino. —Crispín, hijo mío, una copa de anisete a esta madama.

El Chico de la Taberna. —¡Va, Don Latí!

Don Latino. —¿Te estás confesando?

La Pisa Bien. —¡Don Latí, está usted la mar de simpático! ¡Es usted un flamenco! ¡Amos[454], deje de pellizcarme!

El Pollo. —Don Latino, pupila, que le hacen guiños a esos capitales.

La Pisa Bien. —¡Si llevábamos el décimo por mitad! Don Latí una cincuenta, y esta servidora de ustedes, seis reales.

Don Latino. —¡Es un atraco, Enriqueta!

La Pisa Bien. —¡Deje usted las espantás para el calvorota![455] ¡Vuelta a pellizcarme! ¡Parece usted un chivo loco[456]!

---

453 Cueros u odres, posiblemente de vino.
454 Amos, vulgar por vamos
455 Otra alusión a las corridas de toros y toreros, el calvorota era el apodo de Rafael el Gallo, que tenía cierta calvicie y se daba las «espatás», huidas, ante el toro.
456 Chivo loco, En el Glosario de Zamora Vicente, se dice: «Alusivo al chivo como símbolo de la lujuria, del apetito sexual desenfre-

EL POLLO. —No le conviene a usted esa gachí.
LA PISA BIEN. —En una semana lo enterraba.
DON LATINO. —Ya se vería.
EL POLLO. —A usted le conviene una mujer con los calores extinguidos.
LA PISA BIEN. —A usted le conviene mi mamá. Pero mi mamá es una viuda decente, y para sacar algo, hay que llevarla a la calle de la Pasa[457].
DON LATINO. —Yo soy un apóstol del amor libre.
LA PISA BIEN. —Usted se ajunta con mi mamá y conmigo, para ser el caballero formal que se anuncia en la Corres. Precisamente se cansó de dar la pelma un huésped que teníamos, y dejó una alcoba, para usted la propia. ¿Adónde va usted, Don Latí?
DON LATINO. —A cambiar el agua de las aceitunas. Vuelvo. No te apures, rica. Espérame.
LA PISA BIEN. —Don Latí, soy una mujer celosa. Yo le acompaño.

(Pica Lagartos deja los secretos con el chaval, y en dos trancos cruza el vano de la tasca: Por el cuello del carrik[458] detiene al curda en el umbral de la puerta. Don Latino guiña el ojo, tuerce la geta, y desmaya los brazos haciendo el pelele[459].)

---

nado», lo cual se repite en varias otras ediciones. Aunque podría aludir a otro uso o significado de «El chivo loco», alusivo al hacerse el loco, desentendiéndose o, como aquí, negándose a lo que se le achaca. Lo de «deje usted las espantás», apuntaría a ello.
457 La calle de la Pasa, calle madrileña donde se tramitaban los matrimonios eclesiásticos. Había el dicho «el que no pasa por la calle de la Pasa, no se casa».
458 *carrick*
459 Vemos a Don Latino, ya sin la sombra y la luz de Max Estrella, convertido en el último pelele, monigote, de la pieza, encarnando el esperpento, contrario a la encarnación de la tragedia en el caso de Max Estrella, podría decirse. Dentro del tema cristológico,

Don Latino. —¡No seas vándalo!

Pica Lagartos. —Tenemos que hablar. Aquí el difunto ha dejado una pella que pasa de tres mil reales -ya se verán las cuentas- y considero que debe usted abonarla.

Don Latino. —¿Por qué razón?

Pica Lagartos. —Porque es usted un vivales, y no hablemos más.

(El Pollo del Pay-pay se acerca ondulante. A intento, deja ver que está empalmado, tose y se rasca ladeando la gorra. Enriqueta tercia el mantón y ocultamente abre una navajilla.)

El Pollo. —Aquí todos estamos con la pupila dilatada, y tenemos opción a darle un vistazo a ese kilo de billetaje.

La Pisa Bien. —Don Latí se va a la calle de ganchete con mangue.

El Pollo. —¡Fantasía!

Pica Lagartos. —Tú, pelmazo, guarda la herramienta y no busques camorra.

El Pollo. —¡Don Latí, usted ha dado un golpe en el Banco!

Don Latino. —Naturalmente.

La Pisa Bien. —¡Que te frían un huevo, Nicanor! A Don Latí le ha caído la lotería en un décimo del 5.775. ¡Yo se lo he vendido!

Pica Lagartos. —El muchacho y un servidor lo hemos presenciado. ¿Es verdad, muchacho?

El Chico de la Taberna. —¡Así es!

El Pollo. —¡Miau!

---

presente a lo largo de la pieza, el último don Latino, con el dinero embolsado del premio del décimo de Lotería, tiene lo suyo de un esperpéntico satánico Judas.

(*Pacona, una vieja que hace celestinazgo, y vende periódicos, entra en la taberna con su hatillo de papel impreso, y deja sobre el mostrador un número de «El Heraldo». Sale como entró, fisgona y callada. Solamente en la puerta, mirando a las estrellas, vuelve a gritar su pregón.*)

La Periodista. —¡Heraldo de Madrid! ¡Corres! ¡Heraldo! ¡Muerte misteriosa de dos señoras en la calle de Bastardillos! ¡Corres! ¡Heraldo!

(*Don Latino rompe el grupo y se acerca al mostrador, huraño y enigmático. En el círculo luminoso de la lámpara*[460]*, con el periódico abierto a dos manos, tartamudea la lectura de los títulos con que adereza el reportero el suceso de la calle de Bastardillos. Y le miran los otros con extrañeza burlona, como a un viejo chiflado.*)

Lectura de Don Latino. —El tufo de un brasero. Dos señoras asfixiadas. Lo que dice una vecina. Doña Vicenta no sabe nada. ¿Crimen o suicidio? ¡Misterio!
El Chico de la Taberna. —Mire usted si el papel trae los nombres de las gachís, Don Latí.
Don Latino. —Voy a verlo.
El Pollo. —¡No se cargue usted la cabezota, tío lila!
La Pisa Bien. —Don Latí, vámonos.
El Chico de la Taberna. —¡Aventuro que esas dos sujetas, son la esposa y la hija de Don Máximo![461]

---

460 La circular lámpara maravillosa, de la teosofía, reducida a iluminar la noticia del tan trágico suicidio, al que pedía Max Estrella al principio que le acompañaran mujer e hija.
461 De nuevo, con estas dos terribles muertes, y como final, la tragedia social envuelve al esperpento o viceversa, dado su original entramado, y haciendo que el «Nuevo Teatro» de Valle-Inclán nos siga, hoy, pareciendo tan nuevo como hace 100 años. Notemos que en las 13 últimas líneas de la obra, la gran mayoría son frases con puntos exclamativos y uno de interrogación, tan

Don Latino. —¡Absurdo! ¿Por qué habían de matarse?
Pica Lagartos. —¡Pasaban muchas fatigas!
Don Latino. —Estaban acostumbradas. Solamente tendría una explicación. ¡El dolor por la pérdida de aquel astro!
Pica Lagartos. —Ahora usted hubiera podido socorrerlas.
Don Latino. —¡Naturalmente! ¡Y con el corazón que yo tengo, Venancio!
Pica Lagartos. —¡El mundo es una controversia!
Don Latino. —¡Un esperpento!
El Borracho —¡Cráneo previlegiado!

frecuentes a lo largo de toda la acción. En las dos últimas, el lenguaje queda reducido al telegráfico, a dos palabras, al igual que en varias obras del teatro expresionista alemán, como señalé en la Introducción. En Don Latino, hablando por boca de Max Estrella y, con cierta agudeza, extendiendo el esperpento, más allá de España, al mundo como tanto se está viendo en este siglo XXI. Lo de «Cráneo privilegiado», se podría extender al propio autor por la creación de esta obra, considerada, en la actualidad, como obra clásica universal.

www.ingramcontent.com/pod-product-compliance
Lightning Source LLC
Chambersburg PA
CBHW030110010526
44116CB00005B/189